Ontwaak kinderen! – Deel 9

Ontwaak kinderen!

Deel 9

Gesprekken met

Śri Mata Amritanandamayi

Swami Amritaswarupananda

Mata Amritanandamayi Center, San Ramon
Californië, USA

Ontwaak kinderen! Deel 9
Gesprekken met Śri Mata Amritanandamayi

Uitgegeven door:
Mata Amritanandamayi Center
P.O. Box 613
San Ramon, CA 94583
Verenigde Staten

---------------- *Awaken Children 9 (Dutch)* ----------------

© 2000 Mata Amritanandamayi Center, Californië, USA
Alle rechten voorbehouden. Niets uit deze uitgave mag worden verveelvoudigd, opgeslagen in een geautomatiseerd gegevensbestand, of openbaar gemaakt, in enige vorm of op enige wijze, hetzij elektronisch, mechanisch, door fotokopieën, opnamen, of op enige andere manier, zonder voorafgaande schriftelijke toestemming van de uitgever.

Eerste uitgave van het MA Center: mei 2016

In Nederland:
www.amma.nl
info@amma.nl

In België:
www.vriendenvanamma.be

In India:
www.amritapuri.org
inform@amritapuri.org

Dit boek wordt in alle nederigheid opgedragen aan de
Lotusvoeten van Śrī Mata Amritanandamayi,
het Stralende Licht, dat in het hart van alle wezens verblijft.

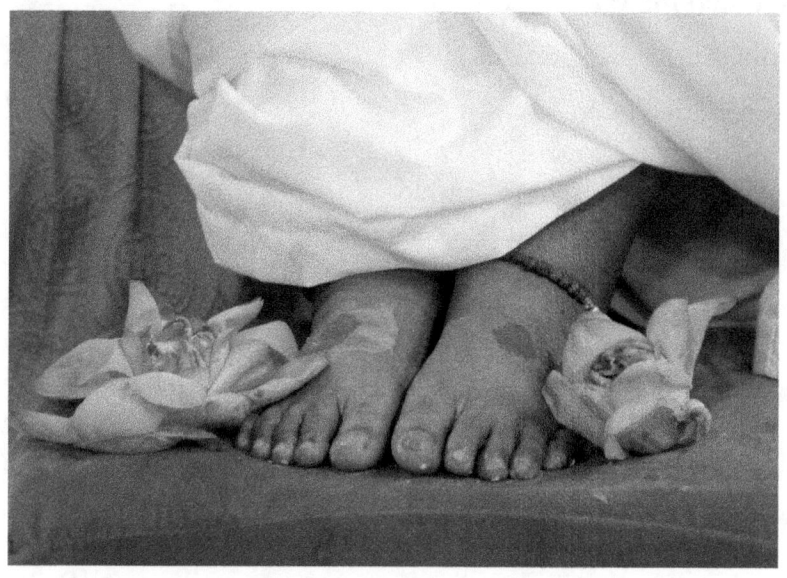

Vandeham saccidānandam bhāvātītam jagatgurum |
Nityam pūrnam nirākāram nirgunam svātmasamsthitam ||

Ik buig voor de Universele Leraar, die Satchidananda is, die voorbij alle verschillen is, die eeuwig is, volledig, zonder eigenschappen, zonder vorm en altijd gevestigd in het Zelf.

Saptasāgaraparyantam tīrthasnānaphalam tu yat |
Gurupādapayovindoh sahasrāmśena tatphalam ||

Wat voor verdienste iemand ook verkrijgt door pelgrimstochten en door het baden in de heilige wateren, die zich uitstrekken tot de zeven zeeën, kan zelfs niet een duizendste deel evenaren van de verdienste die men verkrijgt door het drinken van het water waarmee de voeten van de Guru zijn gewassen.

Guru Gita, verzen 157, 87

Inhoud

Opmerking van de schrijver	9
Inleiding	10
Verenigde Staten	15
San Francisco	15
Darshan op het vliegveld	16
Een gedenkwaardige eerste avond	20
De eerste formele darshan in Amerika	24
Een gelukzalige viering	31
Jnana Yoga en Karma Yoga	33
Vedische rituelen	34
Ongeduld vernielt	37
De goddelijke aanraking	42
Een daad van argeloze liefde	43
Verbazingwekkende genade	45
De eerste Devi Bhava	51
Carmel	56
De alwetende Moeder	56
Seattle	56
De betekenis van Amma's tranen	57
Afstand nemen van situaties	59
Verder dan het verste, dichterbij dan het dichtstbijzijnde	60
Op weg naar Mount Shasta	63
Ganesha	63
Vertrouwen is belangrijker dan redeneren	65
In een toestand van vervoering	68
Stilte is het antwoord	69
De manier om je over te geven	73
Mount Shasta	76

Alleen de Atman bestaat	79
Jij bent het middelpunt van de hele show	80
Een extra darshan bij Mount Shasta	84
De mantra	86
"Al je gedachten gaan door mij"	91
Santa Fe	92
Hoe moeten we de wonden uit het verleden helen?	92
Vertrouwen kan niet helemaal verloren gaan	95
Een Satguru is voorbij alle vasana's	99
Spirituele kracht die je eenmaal gewonnen hebt, kan niet verloren gaan	100
Taos	102
Boulder	103
Hou je met het heden bezig, niet met het verleden	103
Taos	108
Hoe herkennen we een echte meester?	108
De belichaming van onze edelste waarden	113
Goddelijk rijstwater	116
Chicago	117
De echte Jnani	117
Madison	120
Shraddha	120
Vrede komt na pijn	122
Charleston	127
Jivanmukti	127
Boston	133
De Avatar	133
Een duidelijk teken	136
New York	138
"Ik ben je Moeder"	138
De nederigheid van een Satguru	139
Er is een Amma verborgen in iedereen	142

Stamford, Connecticut	144
Amma is altijd bij jullie	145
Europa	**147**
Parijs	147
Problemen onder ogen zien	148
Optimisme	152
Geduld en enthousiasme	154
Zürich	158
Hier en Nu	159
Schweibenalp	162
Wonderen	163
Zijn wonderen van belang?	170
In Amma's schoot	173
Oostenrijk	176
Stel anderen op de eerste plaats	176
Brahmashakti	181
Besluit	188
De Malediven	189
Het ontwaken van het innerlijke kind	190
Een prachtig kosmisch spel	193
Woordenlijst	**195**

Opmerking van de schrijver

Hoewel Amma's rondreis in 1987 drie maanden duurde, heb ik veel details van de toer in dit boek weggelaten. In plaats daarvan heb ik ervoor gekozen om me voornamelijk op Amma's gesprekken te concentreren en op een aantal gebeurtenissen waarvan ik dacht dat ze erg interessant voor de lezer zouden zijn. Een uitgebreidere versie van Amma's tour, inclusief de ervaringen van de toegewijden en die van mijzelf, zal later gepubliceerd worden.

Inleiding

Het jaar 1987 was een keerpunt in Amma's missie om Haar boodschap van liefde, compassie en vrede onder de mensheid te verspreiden. De tijd was gekomen dat Amma erop uittrok om al Haar kinderen die over de hele wereld op Haar wachtten, in Haar kudde bijeen te brengen. Een paar Amerikaanse toegewijden, die geleid werden door Brahmachari Nealu's broer Earl Rosner, nodigden Haar uit om naar de Verenigde Staten te komen. Zij hadden dit verlangen lang gekoesterd en waren opgewonden van vreugde toen Amma uiteindelijk ja zei. Er werd besloten dat Ze een paar dagen in Singapore door zou brengen, twee maanden in Amerika en één maand in Europa.

Men vraagt zich misschien af waarom Amma reist als Ze de kracht heeft om iedereen overal op deze planeet te zegenen zonder ergens heen te gaan. Ze doet het eenvoudig voor het welzijn van de mensheid. Zoals de lente komt en nieuw leven, frisheid en kleur aan de wereld geeft en zoals koele regen na een droogte leven schenkt aan de verdroogde planten en bomen, gaat een echte meester als Amma naar verschillende plaatsen en geeft liefde, hoop en vernieuwing aan de hele mensheid.

Amma zond twee van Haar kinderen Brahmachari Nealu en Brahmachari Amritatma Chaitanya [1] drie maanden van tevoren naar Amerika om te helpen bij de voorbereiding van Haar toer.

---

[1] Toen zij een paar jaar later sannyasa-initiatie ontvingen, kreeg Brahmachari Amritatma Chaitanya de naam Swami Amritaswarupananda en Brahmachari Nealu kreeg de naam Swami Paramatmananda. Alle brahmachari's en brahmacharini's van Amma die sannyasa-initiatie ontvangen hebben, kregen de naam Puri aan het eind van hun naam (bijvoorbeeld Swami Amritaswarupananda Puri). Dit geeft aan tot welke van de tien takken van de Orde zij behoren. Namen van andere leerlingen die sinds 1987 veranderd zijn, staan tussen haakjes aangegeven.

Een Amerikaanse vrouw genaamd Gretchen MacGregor hielp ook mee met de organisatie.

Toen de kleine groep in de Verenigde Staten was aangekomen, reisden zij door het hele land in een oud, ingedeukt Volkswagenbusje dat hun door een toegewijde geleend was en dat duidelijk op zijn laatste benen liep. Zij wilden de mensen graag over Amma vertellen maar tegelijk was het moeilijk voor hen om zolang niet bij Haar te zijn. Dit gold met name voor Brahmachari Amritatma die erg onder de scheiding leed.

Dag in dag uit reden zij door het land, stopten in verschillende steden onderweg om satsang (lezingen) te geven en om Amma's toer te organiseren. Wekenlang was het oude busje hun huis, waarin zij sliepen, kookten en hun dagelijkse spirituele oefeningen deden. Het was een krachtige ervaring die hun leerde dat Amma altijd aanwezig is en het hielp hen om zich voortdurend Haar te herinneren.

Wonderbaarlijk genoeg deed het oude busje het probleemloos zonder ook maar één keer pech te hebben de hele weg van Californië naar Wisconsin. Zij hadden in het begin besloten dat Madison de eindbestemming van het busje zou zijn. Op de dag dat zij daar aankwamen, ging het kapot precies voor het huis waar zij zouden verblijven! Het kan alleen Moeders genade geweest zijn die Haar kinderen helemaal daarheen gebracht had.

Toen zij verder reisden door de Verenigde Staten, ervoeren zij voortdurend Amma's liefde en bescherming, soms op de meest vreemde manieren. Zij voelden Haar leidende Hand bij iedere stap en dat Zij achter de schermen voor alles zorgde. Alles wat zij voor de toer nodig hadden – vrijwilligers om bij het werk te helpen, financiële hulp en geschikte zalen waar Amma darshan kon geven – kwam op de een of andere manier op het laatste ogenblik.

We moeten hier vermelden dat de brahmachari's verbaasd en diep geraakt waren door het geweldige enthousiasme en de vriendelijkheid van enkele personen van wie de meesten Amma nog niet ontmoet hadden, maar die ernaar verlangden om Haar te zien: mensen als Steve en Cathi Schmidt, Earl en Judie Rosner, David en Barbara Lawrence, Michael en Mary Price, Steve en Marilyn Fleisher, Dennis en Bhakti Guest, Larry Richmond, Phyllis Castle, George Brunswig, Susan Cappadocia (Rajita) en Ron Gottsegen. Hun edelmoedigheid maakte deze toer mede mogelijk.

Toen zij reisden, ontmoetten zij onderweg honderden mensen van wie er velen zo diep geraakt waren toen zij over Amma hoorden of een foto van Haar zagen of naar opnamen van Haar bhajans luisterden, dat zij wisten dat zij bij Amma hoorden zonder dat ze Haar zelfs ontmoet hadden. Sommigen mensen hadden zelfs dromen en visioenen van Amma voordat ze ooit van Haar gehoord hadden.

Amma was begonnen om Haar kudde westerse kinderen te roepen…

Op 15 mei 1987 vertrok Amma uit Vallickavu. De hele ashram was in wanhoop gedompeld. Het schouwspel deed denken aan hoe Krishna vijfduizend jaar geleden Vrindavan verliet. Moeders brahmachari's en brahmacharini's waren zo sterk aan Haar gehecht dat sommigen van hen instortten toen Amma op het vliegveld waar zij afscheid van Haar namen, het gebouw inging 2. Brahmachari Pai (Swami Amritamayananda) die achter moest blijven en op de ashram moest passen, barstte in tranen uit. Zijn verdriet was zo ondraaglijk dat hij flauwviel.

Net voordat Amma het gebouw binnenging, raakte Ze met gevouwen handen Haar voorhoofd aan en boog voor Haar

---

[2] Op de vliegvelden in Kerala mogen alleen passagiers het gebouw binnengaan.

kinderen. Toen iedereen reageerde door ook voor Haar te buigen, zei Ze: "Mijn kinderen, Amma heeft al jullie zegen en gebeden nodig voor het succes van deze toer. Het is voor het welzijn van alle huilende zielen daarginds dat Amma op reis gaat. Zij die in andere landen leven zijn ook Amma's kinderen. Amma kan hun gebeden en hun smachten horen. Om hun pijn te verzachten, hun verdriet te verlichten en hun het eeuwige licht te tonen gaat Amma naar het buitenland. Hoe zou Amma niet kunnen antwoorden wanneer Haar kinderen Haar roepen van diep in hun hart? Amma zal spoedig naar jullie terugkomen. Maar in werkelijkheid gaat Ze nergens heen. Kinderen, vergeet niet dat Amma altijd bij jullie is. Houd van elkaar, dien anderen onbaatzuchtig en vergeet nooit om je spirituele oefeningen te doen."

Amma vroeg alleen om hun gebed en zegen omdat Ze een voorbeeld van nederigheid wilde geven. De Bhagavad Gita zegt: "Alles wat vooraanstaande mensen aanhangen zal door de gewone mensen nagevolgd worden." Waarom zou Amma anders om zoiets vragen wanneer Zij zelf de kracht heeft om de hele schepping te zegenen?

Toen Amma uitgesproken was, was Ze een ogenblik stil. Met oneindige tederheid liet Ze Haar blik rondgaan en kort op ieder van Haar kinderen rusten. Toen draaide Ze zich om en liep weg. Toen Amma door de glazen deuren verdween, riep iedereen uit: "Amma, Amma!" Enkele brahmachari's en brahmacharini's renden als bezetenen naar de deuren en riepen luid Haar naam. Toen dit later aan Brahmachari Amritatma verteld werd, zei hij: "Dit bewijst dat Krishna en de gopi's werkelijk bestonden. De liefde van de gopi's voor Krishna is geen sprookje, maar een waar verhaal. Amma is Krishna die ons hart gestolen heeft en ons allemaal gek maakt met liefde voor Haar."

Op 18 mei 1987 kwam Amma in de Verenigde Staten aan, waar Ze de volgende plaatsen bezocht: de Bay Area, Santa Rosa,

Santa Cruz (18-26 mei), Carmel (27 mei), Seattle (28 mei-1 juni), Berkeley (2 juni), Garberville (3 juni), Mount Shasta (4-7 juni), Santa Fe en Taos (8-14 juni), Boulder (15-18 juni), Taos (19-21 juni), Chicago and Madison (22-29 juni), Charleston (1 juli), Pittsburgh (2 juli), Cambridge en Boston (4-9 juli), New York City en Stamford (10-14 juli).

Op 15 juli kwam Amma in Parijs aan en begon Haar Europese toer. In Europa bezocht Amma de volgende plaatsen: Dourdon en Parijs, Frankrijk (16-18 juli), Zürich, Zwitserland (19-21 juli), Schweibenalp, Zwitserland, (21-31 juli), Graz en Sankt Polten, Oostenrijk (1-12 augustus).

In dit boek, het negende deel van 'Ontwaak, kinderen!' gaat Amma's oproep aan Haar kinderen door. En die roep zal doorgaan totdat we van diep in ons antwoorden. Het antwoord moet komen omdat Amma's woorden niet alleen maar woorden zijn, maar de uitdrukking van de Hoogste Liefde, de roep van de Absolute Waarheid. Die roep zal daarom vroeg of laat het onschuldige, sluimerende kind in ons raken en wakker maken. Amma, de Hoogste Meester, zal ons dan langzaam naar moksha leiden, het uiteindelijke doel van het leven, een staat van bevrijding van alle binding, van alle pijn en lijden, een toestand van oneindige vreugde, gelukzaligheid en vervulling.

Swami Amritaswarupananda
Amritapuri
April 1998

Verenigde Staten

San Francisco

Amma kon nu ieder ogenblik aankomen. Een groep van ongeveer vijftig mensen was gekomen om Haar te verwelkomen op de San Francisco International Airport. De meesten van hen hadden Amma nooit eerder ontmoet. Toen zij vol verlangen naar een eerste glimp van Haar zaten te wachten, lieten de tv-monitors zien dat de vlucht uit Singapore net was aangekomen. Het was tien over half vier 's middags. Ieders blik was gericht op de uitgang waardoor de aankomende passagiers naar buiten kwamen. In hun opwinding werden degenen die stonden te wachten steeds rustelozer terwijl zij probeerden om een glimp van Haar op te vangen door de steeds opengaande en sluitende deuren. Toen de deuren opengingen vingen zij eindelijk een glimp op van Amma, die naast Brahmacharini Gayatri stond. "Daar is Ze!" schreeuwde iedereen tegelijk. Brahmachari Amritatma zag Amma ook. Zijn ogen waren vol tranen. Hij deed zijn best om zich te beheersen, maar hoe meer hij dat probeerde, hoe minder het lukte.

Uiteindelijk, na lang wachten, kwam Amma naar buiten in de ontvangsthal met een stralende glimlach op Haar gezicht en met Haar handen als groet samengevouwen. Een toegewijde hing Amma een bloemenkrans om en toen Amma dichterbij kwam, knielde iedereen spontaan voor Haar. Veel mensen barstten in tranen uit toen ze Haar alleen maar zagen, maar tegelijk scheen er een blije glimlach op hun gezicht. Ze konden Amma's oneindige mededogen voelen enkel door naar Haar te kijken.

Toen Amma voorbij Amritatma liep, glimlachte Ze naar hem en keek zo liefdevol en intens naar hem dat het tot zijn ziel doordrong en hem met blijheid en vrede vervulde.

Amritatma was ontzettend blij om zijn spirituele broeders weer te zien. Met veel warmte omhelsden zij elkaar en wisselden een paar woorden vol liefde en belangstelling uit. Hij groette zijn spirituele zusters ook: Gayatri (Swamini Amritaprana) en Saumya (Swamini Krishnamritaprana) en informeerde hoe het met hun ging.

Behalve Gayatri, Saumya en de brahmachari's reisden er nog drie toegewijden met Amma mee: de Heer Gangadharan Vaidyar, een Ayurvedische arts, zijn vrouw en de Heer Chandradas die uit Noord Kerala afkomstig was. Zij beschouwden zich erg fortuinlijk dat ze Amma op Haar eerste wereldreis konden vergezellen.

Na een korte hereniging en wat luchtig gepraat met iedereen, ging Amritatma met Amma mee die door de toegewijden naar een busje geleid werd dat buiten stond te wachten. Maar voordat Amma bij de deur was, ging Ze plotseling rechtsaf, liep naar een stoel toe en ging zitten.

Darshan op het vliegveld

Toen Amma ging zitten, keek Ze naar alle mensen die gekomen waren om Haar te zien en die zich nu rondom Haar verzamelden. Ze glimlachte met veel affectie naar hen, strekte Haar armen naar hen uit en zei in het Engels: "Kom, mijn kinderen!"

Amritatma dacht: "O mijn God, gaat Ze nu iedereen darshan geven?" Hij boog vooorver en fluisterde tegen Amma: "Amma, we zijn nog op het vliegveld! Is het niet voldoende als U morgen in het huis darshan geeft?"

Toen Amma de bezorgde blik op zijn gezicht zag, glimlachte Zij geruststellend en zei: "Nee, wat is het probleem om het hier en nu te doen?"

"Maar Amma," protesteerde hij, "dit is een vliegveld! De ambtenaren van het vliegveld kijken naar ons. Ze kunnen zich afvragen wat voor rare dingen we uitvoeren." Maar er knielde voor Amma al iemand die omhelsd werd door Haar warme, moederlijke omarming. Amma was begonnen darshan te geven. Zo is Amma eenvoudig. Wat zou Zij, die de Moeder van allen is, anders kunnen doen?

Een voor een gingen zij allemaal naar Amma en werden door Haar omhelsd. Toen gingen zij op de grond om Haar heen zitten en staarden naar dit uitzonderlijke wonder voor hen. Zij leken vol van de vrede en liefde die Amma zo duidelijk uitstraalde.

Een paar politieagenten en enkele anderen die deze ongewone gebeurtenis midden op het vliegveld zagen, kwamen erop af en keken een paar minuten naar het tafereel.

Vandaag de dag komen zulke taferelen op iedere luchthaven voor in de steden waar Amma darshan geeft. Toen Amma in 1987 voor het eerst naar Amerika ging, was er slechts een kleine groep mensen om Haar te ontvangen. Maar nu dit boek geschreven wordt, is er steeds een grote menigte om Amma te zien wanneer Zij op een vliegveld, waar ter wereld dan ook, aankomt of vertrekt.

Er vinden veel interessante gebeurtenissen op de luchthavens plaats wanneer Amma reist. Bij het aan boord gaan en uitstappen of onder het wachten in de passagierslounge ontvangt Amma Haar kinderen met open armen en drukt Ze Haar liefde uit door hen te omarmen en te kussen.

Over Haar omhelzingen en kussen zegt Amma: "Amma's omhelzingen en kussen moet je niet als iets gewoons zien. Wanneer Amma iemand omhelst of kust, is het een proces van zuivering en innerlijk helen. Amma brengt een gedeelte van Haar zuivere, vitale energie over naar Haar kinderen. Het laat hen ook echte, onvoorwaardelijke liefde ervaren. Wanneer Amma iemand vasthoudt, kan dat helpen om de sluimerende spirituele energie in hem wakker te maken, wat hem uiteindelijk naar het hoogste doel van Zelfrealisatie zal brengen."

Het is vaak gebeurd dat Amma een piloot, stewardess, steward of passagier die toevallig voorbij liep stevig vastpakte en Haar allesomvattende liefde uitdrukte door hun een omhelzing en een kus te geven. Het mag verbazingwekkend lijken, maar wanneer dit gebeurt protesteert die persoon nooit en toont geen negatieve reactie. Integendeel, zonder uitzondering openen zij zich spontaan voor Amma's liefde. Gewoonlijk heeft Amma hen te pakken en omhelsd voordat zij zelfs weten wat er gebeurd is. De ontvankelijkheid van de vreemdelingen die onverwacht op deze manier Amma's darshan ontvangen, herinnert ons aan Haar uitspraak: "Echte liefde kan niet afgewezen worden. Je kunt het alleen met een open hart ontvangen. Wanneer een kind glimlacht, of het nu het kind van je vriend of je vijand is, moet je ook wel glimlachen omdat de liefde van het kind zo puur en onschuldig is. Zuivere liefde is als een mooie bloem met een onweerstaanbare geur."

In juli 1995 toen Amma na het Amerikaanse gedeelte van Haar toer verder reisde naar Europa, vond er een vermakelijk incident plaats. Voordat Amma door de paspoortcontrole ging, ging Zij zoals gewoonlijk op een stoel zitten om de honderden toegewijden te ontvangen die Haar waren komen uitwuiven. Amma werd helemaal omringd door Haar kinderen die allemaal op de grond om Haar heen gingen zitten om zo dicht mogelijk bij Haar te zijn. Sommige passagiers stonden op van hun stoel toen zij de menigte zich rondom Amma zagen verzamelen. Een oudere heer die geabsorbeerd in een krant op zijn stoel zat, stond niet snel genoeg op. Voordat hij zich realiseerde wat er gebeurde, zat Amma op de stoel naast hem en de toegewijden dromden rondom Haar samen waarbij ze geen centimeter ruimte voor hem overlieten om op te staan en weg te gaan.

De arme man keek gealarmeerd en verbijsterd. Wat moest hij doen? Hij had geen keuze dan te blijven zitten waar hij zat en door te gaan met het lezen van zijn krant. Hij begroef zijn gezicht in de krant en probeerde zijn hoofd zo veel mogelijk te verbergen door de grote vellen open te houden. Maar hoe lang kon hij dit volhouden? Amma gaf nu iedereen darshan. Met een zwaar hart en met ogen vol tranen vanwege de komende scheiding begonnen de toegewijden te zingen:

> *Neem mij mee.*
> *Wilt U mij niet dragen?*
> *Laat mij even in Uw armen rusten.*
> *Neem mij mee.*
> *Wilt U mij niet dragen?*
> *Laat mij mij baden in de zoetheid van Uw glimlach.*
> *Moeder, neem mij mee.*
> *Neem mij mee.*

Nu werd de arme oude man nog rustelozer. Ondanks de tranen van de mensen was er tussendoor gelach wanneer Amma grappen maakte of met een kind speelde. De man zat als het ware gevangen, maar ook al deed hij nog zo zijn best, hij kon het grote liefdesfeest dat naast hem plaatsvond, eenvoudig niet blijven negeren. Van tijd tot tijd gaf hij toe aan zijn nieuwsgierigheid en kwam hij onopvallend van achter zijn krant te voorschijn. Amma's onweerstaanbare aantrekkingskracht begon vat op hem te krijgen.

Aanvankelijk keek hij iedere dertig seconden of zo naar Amma, maar geleidelijk werden de intervals verminderd tot slechts een paar seconden. Tenslotte was hij zo door het schouwspel geboeid dat hij zijn krant opzij gooide en naar Amma staarde. Even later vroeg hij Amma, tot vermaak van iedereen: "Kan ik ook een knuffel krijgen? Het ziet er zo fantastisch en troostend uit!" Voordat Amma kon antwoorden, viel hij op Haar schouder en kon men zien hoe Amma hem liefdevol omarmde. Iedereen moest hierom zo lachen dat alle passagiers die vlakbij zaten, zich omdraaiden en naar hen keken.

Een paar momenten tijdens deze gebeurtenis konden Amma's kinderen vergeten dat Ze op het punt stond te vertrekken en dat ze een heel jaar moesten wachten voordat Ze terugkwam.

Een gedenkwaardige eerste avond

Vanaf het vliegveld werd Amma naar het huis van de Rosners gereden. Nealu, Amritatma en Gayatri reisden met Haar in het busje.

Amma gaf hun een korte beschrijving van de gebeurtenissen die na hun vertrek in de ashram in Vallickavu hadden plaatsgevonden. Ze vertelde hun hoe vreselijk verdrietig de ashrambewoners en toegewijden zich voelden omdat Zij voor zo'n lange tijd wegging. Amma wendde zich tot Amritatma en zei: "Ben je gek geworden door aan Amma te denken? Zoon, Amma kent je hart zo goed! Toen jij uit India wegging zei Amma tegen Gayatri hoe zwaar het voor jou zou zijn om fysiek van Amma gescheiden te zijn." Amritatma keek naar Amma's gezicht, dat diepe bezorgdheid en compassie uitdrukte, en zei: "Amma, die krankzinnigheid is er slechts af en toe. Alleen als U die krankzinnigheid helemaal geeft, zal ik me echt gezegend voelen."

"Zoon, dat is waar je om gevraagd hebt toen je Amma voor het eerst ontmoette." Amma herinnerde hem aan de eerste keer dat hij Haar ontmoette in juli 1979. Zij had hem toen gezegd dat Ze maar een gekke meid was waarop hij geantwoord had: "Amma, ik wil ook wat van die gekte."

Amma wendde zich nu tot Nealu en zei: "Hoe staat het ermee, oude man? Hoe is het met je gezondheid?" (Amma noemt verantwoordelijke mensen soms 'oude man').

Nealu glimlachte en zei: "Alles gaat goed door Amma's genade." Hij gaf toen een kort verslag van hun bezoek aan de verschillende steden en de programma's die ze daar hadden gehouden. Het duurde een uur voordat ze bij Earls huis waren. Toen ze aankwamen kreeg Amma een warm welkom. Het huis was vol toegewijden die allemaal erg opgewonden waren. Toen Amma uit het busje stapte en naar de deur liep, zong iedereen de mantra: "Om Amriteshwaryai namah." Earl en Judie deden *pada puja* voor Amma's heilige voeten en hun drie jaar oude zoon, Gabriel, slaagde erin om Amma een bloemenkrans om te doen. Hij had met veel opwinding over het geven van de bloemenkrans aan Amma gesproken sinds Earl hem die taak had toevertrouwd. Steeds wanneer hij iemand tegenkwam, zei hij: "Zal ik eens wat vertellen? Ik ga Ammachi een bloemenkrans omdoen!" Na de ontvangst stond Brahmachari Nealu erop dat Amma wat zou rusten na Haar lange, vermoeiende vlucht vanaf Singapore. Zonder zelfs antwoord te geven op zijn verzoek ging Amma op een stoel zitten die voor Haar liefdevol met een mooie zijden doek bekleed was.

Voordat ze naar het vliegveld vertrokken, had Nealu de stoel uit de woonkamer verwijderd omdat hij bang was dat als Amma die zou zien, Ze onmiddellijk zou gaan zitten en iedereen voor darshan uit zou nodigen. Maar iemand had de stoel teruggezet voordat Amma aankwam. Nealu was hier kwaad over omdat voor hem Amma's gezondheid het allerbelangrijkste was en hij was wanhopig omdat hij wilde dat Zij wat rust kreeg. Maar het mocht niet zo zijn, want Amma's oneindige mededogen houdt nooit op naar Haar kinderen te stromen.

Amma begon nu iedereen een voor een voor darshan uit te nodigen. Van iedereen die naar Haar toe kwam en voor Haar knielde, liet Ze zijn hoofd in Haar schoot rusten en dan op Haar schouder, terwijl Zij hem dicht tegen zich aan hield. Toen zij opstonden en terug naar hun stoel gingen, zagen ze er rustig en gelukzalig uit. Toen Steve Fleisher naar Amma voor darshan was gegaan, wankelde hij van Haar vandaan alsof hij dronken was. Hij ging naar Amritatma toe en probeerde uit te drukken wat hij voelde, maar hij kon niets zeggen omdat zijn hart overstroomde, wat duidelijk was door zijn stralende gezicht. Amritatma suggereerde hem om te gaan zitten en een tijdje te mediteren. Steve ging in een hoek van de kamer zitten met een serene uitdrukking op zijn gezicht.

Terwijl Amma verderging met het omarmen van Haar kinderen, zong Ze twee liederen genaamd *Durge* en *Radhe Govinda Bhajo*.

Overwinning voor Moeder Durga!
O Moeder, Oceaan van mededogen.
Moeder Kali,
versierd met een krans van menselijke schedels,[1]
Handhaver van de wereld.
Overwinning voor de Goddelijke Moeder
van het universum!

O Radha, geliefde van Krishna.
Radha, die de Heer van de koeien aanbidt.
O Radha, o Schoonheid,
die ons verdriet verlicht.
Geliefde van Krishna, de Heer van de koeien.
O Radha,
Geliefde van Krishna, de Heer van de koeien.

Toen iedereen Amma's darshan ontvangen had, vroeg Ze om wat fruit. Ze sneed het fruit in kleine stukjes en voerde iedereen een stukje *prasad* met Haar eigen handen. Amma ging toen op de

---

[1] De schedels die Kali draagt, symboliseren de dood van het ego.

grond zitten en speelde met Gabriel. Na een tijdje riep Zij een toegewijde die net aangekomen was. Toen Zij hem omarmde en zijn hoofd op Haar schouder rustte, begon Gabriel, die achter de man stond, aan zijn overhemd te trekken en hij zei: "Nee, Ze is *mijn* moeder!" Toen Amritatma dit voor Amma vertaalde, wendde Zij zich tot Gabriel en zei: "Is Amma alleen van jou?" Gabriel knikte duidelijk van ja en zei: "Ja!" Iedereen lachte om zijn onschuldige opmerking.

Earl en Judie hadden twee zonen Arlo en Gabriel. Ze waren allebei erg opgewonden om Amma te zien, vooral Gabriel die de jongste was. Hoewel hij pas drie jaar was, was hij als een vijfentwintigjarige in een drie jaar oud jongetje. Hij was een erg lief en slim kind.

Gabriel was door Amma's genade bij Earl en Judie geboren. Na de geboorte van hun eerste zoon verlangde het echtpaar naar een tweede kind, maar Judie werd niet meer zwanger. Earl schreef zijn broer Nealu over hun wens om een tweede kind te hebben. Nealu schreef terug: "Ik heb Moeder verteld dat jullie graag nog een kind willen. Amma zei dat Ze niet denkt dat het in de sterren staat, maar Ze zal niettemin een *sankalpa* (besluit) maken dat jullie nog een baby zullen krijgen." Kort daarna werd Judie zwanger van Gabriel.

Amma ging naar de keuken. Ze riep iedereen en toen begon Ze zelf het avondeten voor hen te serveren. Het was nu half twaalf 's nachts. Zij die met Amma meegereisd waren, waren uitgeput maar zelfs na een vliegreis van zestien uur was Amma nog steeds fris en vol energie. Ze bracht tijd met iedereen door, gaf van zichzelf en offerde hun Haar hele wezen.

Nealu liep rond en voelde zich rusteloos omdat hij zich zo'n zorgen om Amma maakte. Hij mopperde alsmaar: "Kan niemand haar laten gaan rusten?" Maar zijn worden hadden geen effect.

Er kwam een man naar Amritatma toe die vroeg: "Is Amma altijd zo, of alleen bij speciale gelegenheden?"

Amritatma antwoordde: "Mijn broer, Haar hele leven is zo! Ze kan gewoon niet anders zijn. Dag en nacht stelt Ze zich beschikbaar voor iedereen die naar Haar toe komt. Amma's leven is een offer aan de wereld. Waar Ze ook is, is er feest, een feest van zuivere, onschuldige liefde." De man keerde zich naar Amma, die nog steeds eten aan het serveren was. Hij keek met een uitdrukking van ontzag en verbazing naar Haar. Om half een 's nachts ging Amma eindelijk naar Haar kamer.

De eerste formele darshan in Amerika

Iedereen stond de volgende morgen vroeg op. Het begin van Amma's darshan was om half tien gepland. Tijdens de eerste wereldtoer werden de meeste ochtendprogramma's thuis bij toegewijden gehouden terwijl bijna alle avondprogramma's in verschillende zalen en kerken plaatsvonden, behalve de Devi Bhava's die in de woonkamers van toegewijden plaatsvonden. De brahmachari's en een paar anderen troffen nu haastig de laatste voorbereidingen voor de ochtenddarshan. De mensen begonnen om half negen binnen te komen en tegen negen uur was de woonkamer van de Rosners bijna vol. Amma kwam precies om half tien de kamer binnen. Toen Zij binnenkwam stond iedereen als teken van respect op. Amma knielde, boog voor iedereen waarbij Haar voorhoofd de grond raakte, en ging toen op een klein tapijt zitten dat speciaal voor Haar was neergelegd. Ze sloot Haar ogen en begon te mediteren en dook diep in Haar eigen wereld van transcendente eenzaamheid.

De mensen volgden Amma's voorbeeld en begonnen ook te mediteren. Amma's aanwezigheid hielp iedereen om een toestand van spontane absorptie te ervaren. Even later stond Amma op, ging op de darshanstoel zitten en begon darshan te geven.

In die tijd waren er geen rijen met wachtenden voor de darshan. De mensen zaten rondom Amma en wachtten terwijl Zij iedereen individueel riep. Amma besteedde aan iedereen veel tijd en stelde veel vragen over hun leven. Hoewel Amma reeds alles over hen wist, stelde Ze die vragen om hen te helpen zich te openen. De persoonlijke aandacht die de mensen van Amma kregen en Haar unieke manier om iedereen darshan te geven, hoe lang Ze ook moest zitten, was voor iedereen een geheel nieuwe ervaring. Het was een ervaring die hen met diepe spirituele gelukzaligheid vulde. De genezing die in Amma's aanwezigheid plaatsvond was ook opmerkelijk.

Wanneer iemand in die tijd een vraag stelde, vroeg Amma aan Amritatma, als de vraag niet te persoonlijk was, om die hardop te vertalen zodat iedereen het kon horen en dan beantwoordde Ze de vraag op zo'n manier dat het op iedereen van toepassing was.

In de loop van de dag zong Amma ook verscheidene *bhajans*. Af en toe ging Ze midden in een lied in een staat van *samadhi*. Als dit gebeurde nam Brahmachari Amritatma het over en ging door met het lied.

De mensen waren zo bewogen door Amma's aanwezigheid dat sommigen van hen uit pure vreugde zongen en dansten. Tijdens de hele darshan zongen mensen spirituele liederen in het Engels, Malayalam en Sanskriet, wat een interessante mengeling van oost en west schiep. Een man die David heette bespeelde de harp en zong traditionele Engelse hymnen. De liederen die in de vorm van een gebed gezongen werden, waren vol betekenis.

Luister, luister, luister
naar het lied van mijn hart.
Ik zal Je nooit verlaten.
Ik zal Je nooit vergeten.

Veel mensen huilden toen ze naar Amma kwamen en Zij hen in Haar armen nam. Amma's uitdrukking straalde van liefde en veranderde vaak van vreugde naar medeleven en diepe bezorgdheid als Ze de tranen van hen die huilden afveegde, hen troostte, advies gaf en hun diepe innerlijke wonden heelde die door het verleden veroorzaakt waren.

Een vrouw uit Taos zong:

Wat is dit voor wonderbaarlijke liefde
voor mijn ziel, voor mijn ziel?
Wat is dit voor wonderbaarlijke liefde
voor mijn ziel?
Wat is dit voor wonderbaarlijke liefde
die de Moeder van Gelukzaligheid
op deze aarde geboren laat worden
voor mijn ziel, voor mijn ziel
op deze aarde geboren laat worden voor mijn ziel?

Ik zal voor Uw voeten buigen
Voor Uw voeten zal ik buigen
Ik zal voor Uw voeten buigen, voor Uw voeten
Ik zal voor Uw voeten buigen
U die mijn liefde volledig gemaakt heeft,
U die mijn leven volledig gemaakt heeft
met Uw liefde, met Uw liefde.

U heeft mijn leven volledig gemaakt met Uw liefde.
Voor Uw geliefde vorm zal ik zingen,
zal ik zingen
Voor Uw geliefde vorm zal ik zingen,
Voor Uw geliefde vorm, Amritanandamayi
Voor Mata Amritanandamayi zal ik zingen,

zal ik zingen
Voor Mata Amritanandamayi zal ik zingen.

En wanneer ik vrij ben van de dood
zal ik doorgaan met zingen, doorgaan met zingen
En wanneer ik vrij ben van de dood
zal ik doorgaan met zingen
En wanneer ik vrij ben van de dood
zal ik zingen en vrolijk zijn
Tot in eeuwigheid zal ik zingen,
zal ik zingen
Voor Mata Amritanandamayi zal ik zingen.

Iemand stelde een vraag: "Amma hoe is het voor U om hier in het westen te zijn vergeleken met India. Er is een groot verschil, is het niet?"

Amma glimlachte en antwoordde: "De barrière die door de geest en het lichaam gecreëerd wordt is de oorzaak van alle diversiteit. Wanneer je die barrière transcendeert, verdwijnen alle verschillen. Amma vindt niet dat er verschil is. Alle wezens zijn Haar kinderen, en alle drie de werelden zijn haar woonplaats. Dat is Amma's ervaring. Of het hier is of in India, Amma alleen is en Ze ziet alles als Haar eigen Zelf. Als je één bent met het Hoogste Bewustzijn, hoe kan er dan enig besef van verschil zijn? Voor Amma is er geen hier of daar. Waar Ze ook heen gaat, Amma is tegelijkertijd hier en daar. Er is geen sprake van oost of west. Hoewel een bloem uit vele bloemblaadjes bestaat, is het één bloem. Het menselijke lichaam bestaat uit vele delen en toch is het één lichaam. Op dezelfde manier bestaat de wereld uit veel verschillende landen, culturen, talen, rassen en mensen, maar voor Amma is er alleen het geheel, er is slechts Eén.

Zolang je je met het lichaam identificeert, zal er verdeeldheid zijn. Lichaamsbewustzijn maakt je bewust van tijd en ruimte en met tijd en ruimte ontstaan er verschillen zoals religie, kaste, ras en nationaliteit. Die verdeling maakt dat alles verschillend en gescheiden van je lijkt. Men is het ene bewustzijn dat alles in de schepping bij elkaar houdt, vergeten. Daarom ervaren de mensen zich als buitenstaanders. Een gewoon iemand is zich uitsluitend bewust van verschillen overal. Maar voor de ziel die het Zelf gerealiseerd heeft en het lichaam getranscendeerd heeft, zijn er helemaal geen verschillen. Voor zo'n ziel is alles een deel van het ene Universele Bewustzijn. Hij ziet duidelijk dat alles met elkaar verbonden is, dat er geen gescheiden entiteiten zijn, maar dat alles een deel van het Geheel vormt. In die staat ervaar je jezelf overal en in alles: hier en daar, boven en onder, in alle richtingen en in het lelijke zowel als in het mooie. Waar zo'n ziel ook heen gaat, daar vindt hij zijn eigen Zelf reeds. Hij is altijd aanwezig, nooit afwezig, altijd bewust, nooit onbewust en hij functioneert spontaan van diep binnen uit. Hij is voor niemand een vreemdeling, omdat hij het allesdoordringende Bewustzijn is. In die staat is er geen moment dat je niet volmaakt bewust bent."

Amritatma die naast Amma zat en Haar woorden vertaalde, herinnerde zich een dag in 1982 toen hij zich voorbereidde op zijn examens voor zijn doctoraal in de filosofie. Hij zat in een kamer met zijn professor die er mee ingestemd had om naar de ashram te komen om hem les te geven. Ze hadden een discussie over een van de aforismen van Patanjali's *Yoga Sutra's*. De professor geloofde niet in Amma. Hij zei tegen Amritatma: "Kijk eens! Ik geloof absoluut niet dat jouw Moeder die staat bereikt heeft. Natuurlijk geloof ik wel dat een staat van alwetendheid door *tapas* (ascese) bereikt kan worden, maar ik ben er helemaal niet van overtuigd dat jouw Moeder alwetend is."

Amritatma voelde zich gekwetst door de opmerking van de professor. Tegelijkertijd zag hij het als een uitdaging voor zijn eigen vertrouwen. Hij zei impulsief tegen de professor: "Oké, als U zo over Moeder denkt, zal ik U bewijzen dat Zij alwetend is. Ik zal U laten zien hoe Ze op mijn gebeden reageert. Geef me een ogenblik en zie wat er gebeurt!" Amritatma keerde zich naar het kleine altaar in de kamer waarop een kleine afbeelding van Amma stond. Hij sloot zijn ogen en bad met intens gevoel: "Amma, mijn God en Guru, denk alstublieft niet dat ik arrogant ben of uit eigenbelang handel. Ik heb zelf geen twijfels over U, maar laat de professor begrijpen dat U alles weet. Het zou een zegen voor hem zijn. Maar Amma, U weet wat het beste is. Laat Uw wil geschieden." Amritatma knielde toen voor de foto. Toen hij zijn gebed aan Amma's voeten aanbood, huilde hij van emotie. Plotseling hoorde hij iemand zeggen: "Amma roept je!" Amritatma ging op zijn knieën zitten en keek naar de deur. Er stond een brahmachari in de deuropening die herhaalde: "Amma roept je!"

Het geluk van Amritatma kende geen grenzen. Vol dankbaarheid boog hij opnieuw voor Amma's foto en zei zachtjes: "Amma, heeft U zo snel gereageerd op het gebed van dit kind?" Met tranen in zijn ogen keek hij naar de professor en zei: "Meneer, wat denkt U er nu van?" De professor zei niets toen Amritatma zich excuseerde en snel de kamer uitging.

De darshanhut was ongeveer 50 meter daarvandaan. Toen Amritatma bij de hut kwam keek hij door de open deur naar binnen. De hut was vol mensen die voor Amma's darshan kwamen. Amma keek naar de deur en toen ze Amritatma zag, verscheen er een glimlach op Haar gezicht. "Mijn kind, heb je Amma geroepen?" vroeg Ze. Toen Amritatma Amma's lieve, geruststellende woorden hoorde, kwam er een onbeschrijfelijke vreugde in zijn hart op. Hij stond daar in de deuropening tranen van gelukzaligheid te storten. Amma keek hem in de ogen en zei opnieuw: "Zoon, heb je Amma geroepen?"

Amritatma was zo geraakt dat hij niet kon antwoorden. Natuurlijk wist Amma alles wat er gebeurd was, dus was het niet nodig om Haar iets te vertellen. Hij ging zitten en snikte als een kind en bedekte zijn gezicht met zijn handen. Toen Amritatma even later naar zijn kamer terugging, vertelde hij de professor wat er gebeurd was. Met een stem vol spijt zei de professor: "Wie ben ik om over Amma te oordelen? Maar laat ik dit zeggen: ik beken dat ik het met je eens ben dat Amma alwetend is." Na dit voorval werd de professor aan Amma toegewijd.

Deze ervaring wordt hier verteld om te illustreren dat Amma overal aanwezig is, altijd omdat Ze één is met het Hoogste Bewustzijn. Er is nooit een moment dat Ze niet overal is. Er is geen plaats waar Ze niet is.

Amritatma herinnerde zich ook hoe Brahmacharini Lakshmi hem eens één van haar ervaringen met Amma vertelde. Dit gebeurde voordat ze Amma persoonlijk begon te dienen. Lakshmi werkte ergens op het ashramterrein. Door de hitte had ze erg veel dorst en verlangde intens naar ijswater, maar omdat de enige koelkast in de hele ashram in Amma's kamer was, wist ze dat het uitgesloten was om koud water te krijgen. Een paar minuten later kwam er een meisje naar Lakshmi toe en gaf haar een glas ijswater met de woorden: "Amma heeft mij dit gegeven en vroeg mij dit aan jou te geven."

Lakshmi was verbaasd en vroeg het meisje om uit te leggen wat er gebeurd was. Het meisje vertelde haar dat zoals gewoonlijk iemand Amma tijdens de darshan iets te drinken had aangeboden. Maar in plaats van het water te accepteren, zei Amma onmiddellijk: "Geef dit aan Lakshmi. Zij heeft veel dorst en wil ijswater." En dus bracht het meisje het glas naar Lakshmi.

Er zijn talloze van zulke treffende voorbeelden van Amma's alwetendheid die ons duidelijk maken dat Ze niet beperkt is tot het lichaam of de geest en dat Haar meedogende hart en helpende handen er altijd voor Haar kinderen zijn, waar ze ook zijn.

Een gelukzalige viering

John en Linda, een echtpaar dat naast Amma zat, zeiden tegen Amritatma: "De manier waarop Amma mensen ontvangt is onvergelijkelijk. Dit hebben we nog nooit gezien! Haar intimiteit en de moederlijke liefde die Ze in zijn zuiverste vorm geeft, is precies wat we nodig hebben. De westerse wereld heeft zoiets nooit ervaren."

"En het oosten ook niet," antwoordde Amritatma.

John ging verder: "Kijk naar deze mensen! Zij zijn in een andere wereld. Het is goddelijke genezing. Onze eerste ontmoeting met Amma—Haar aanraking en de manier waarop Ze naar ons keek—had een geweldige uitwerking op ons allebei. Amma heeft zoveel pijn weggenomen. Er kwamen tranen in Johns ogen toen hij sprak. Zijn vrouw, Linda, die ernstige ademhalingsproblemen had en niet gezond genoeg was om te reizen of zelfs rechtop te zitten, kwam niettemin naar ieder ochtend- en middagprogramma vanwege de buitengewone vrede die ze in Amma's aanwezigheid ervoer.

Terwijl zij zaten te praten stond een oudere zwarte man, die met zijn jonge vrouw en drie jaar oud zoontje gekomen was, plotseling op en begon spontaan te zingen en te dansen. "We hebben Christus gezien! In Amma en in Haar goddelijke liefde en mededogen hebben we Christus, de Heer gezien! In Amma en in Haar zelfopoffering hebben we Jezus Christus, de Verlosser gezien!" Hij leek in goddelijke extase en zijn vreugde was zo aanstekelijk dat de overige toegewijden mee begonnen te doen door in hun handen te klappen en het lied na te zingen. Het zoontje van de man danste blij naast zijn vader. Binnen een paar minuten stonden alle toegewijden op en dansten in de woonkamer van de Rosners, waarbij zij de tekst van het lied herhaalden. Het refrein "In Amma hebben we Christus, onze Heer gezien," echode door de kamer. Het dansen en zingen ging een tijd door totdat uiteindelijk iedereen een voor een ging zitten en de atmosfeer kalm en rustig werd. Toen ze gingen zitten, begonnen ze spontaan te mediteren.

Diezelfde goddelijke aanwezigheid van Amma die kort daarvoor de mensen geïnspireerd had om van vreugde te zingen en te dansen, inspireerde hen nu om diep in meditatie te duiken. Bij veel deelnemers stroomden er tranen van gelukzaligheid over hun wangen.

Tijdens de eerste twee wereldreizen hadden de mensen de gelegenheid om veel tijd in Amma's fysieke aanwezigheid door te brengen. Soms kon iemand wel tien minuten in Amma's schoot doorbrengen, vooral wanneer Zij onder de darshan spontaan in zingen uitbarstte. Amma raakte dan in een toestand van vervoering en degene die op dat moment darshan ontving, kon in Haar schoot blijven totdat het lied eindigde. Als Amma in die toestand zong, wiegde Ze van de ene kant naar de andere alsof Haar schoot een wieg was en het lied een heilig slaaplied dat Ze zong voor het kind in Haar schoot. Dit gebeurde alleen tijdens de eerste twee wereldreizen. Toen het aantal mensen toenam, hield Amma op met zo te zingen tijdens de darshan.

Omdat de tijd die ieder individu kreeg zo lang was, duurde de darshan vaak van half tien 's ochtends tot laat in de middag: zes of zeven uur zonder dat Amma van Haar stoel opstond.

Kort nadat de ochtenddarshan afgelopen was, begon het avondprogramma om zeven uur. Dit duurde tot de vroege ochtenduren. Als gevolg hiervan had Amma erg weinig tijd om te rusten. Ze veronachtzaamde Haar lichaam en zijn behoeften gewoon om anderen te helpen. Eén toegewijde zei: "Amma herinnert me aan de gekruisigde Jezus, die Zijn leven voor de hele wereld opofferde."

Jnana Yoga en Karma Yoga

Tijdens een darshan stelde een toegewijde de volgende vraag: "Amma, waarom hemelen de *jnani's*, zij die *jnana yoga* (het pad van kennis) volgen, gewoonlijk het pad van kennis op, terwijl ze *karma yoga* (het pad van activiteit) veroordelen? Zelfs in de Bhagavad Gita bekritiseert Heer Krishna het gedeelte in de *Veda's* dat over karma yoga gaat. Hij beweert dat *jnana* het hoogste is. De Heer zegt:

> *Zo worden er verschillende offers door de Veda's voorgeschreven. Weet dat deze allemaal uit activiteit voortkomen. Als je dit weet zul je vrij zijn. Er is niets zo zuiverend als kennis.*[2]

Amma, betekent dit niet dat zelfs Heer Krishna, die een perfecte jnani was, het pad van kennis voorstond boven het pad van activiteit?"

Amma: "Zoon, Amma gelooft niet dat de jnani's de verschillen tussen het pad van kennis en het pad van activiteit die jij suggereert, verkondigd hebben. Heer Krishna was een volmaakt voorbeeld hoe je in de wereld moest leven en handelen, hoewel hij in feite *purnam* (compleet) was en een perfecte jnani. Waarom zou hij het pad van activiteit veroordelen? Er is niets mis met de woorden van de jnani's. De interpretatie van die woorden door de mensen is verkeerd.

Het leven kan in twee aspecten verdeeld worden: het verrichten van handelingen en het genieten van de vruchten van je handelingen. Het lichaam en de geest zijn actief tijdens de waaktoestand. In de droomtoestand is het lichaam niet actief, maar de geest is actief. Daarom dromen we. De indrukken die in het

---

[2] Bhagavad Gita, Hoofdstuk 4, verzen 32 en 38

onderbewustzijn geschapen zijn, wat het onvervulde deel van ons is, worden als dromen geprojecteerd. Zelfs als er uitwendig geen handelingen plaatsvinden, stroomt het bloed nog rond en het hart gaat door met pompen. En dat is ook activiteit. Met andere woorden zolang we een lichaam, geest en intellect hebben, zijn we altijd met een of andere vorm van activiteit bezig.

Hoewel activiteit vanwege onze gehechtheid aan de resultaten ervan de neiging heeft om te binden, kan activiteit ook als een springplank naar vrijheid van handelen dienen.

Vedische rituelen

Er worden in de Veda's vele rituelen voorgeschreven. De mensen hebben de neiging om te gehecht te raken aan die rituelen in plaats van hun innerlijke betekenis te begrijpen en ze daardoor te transcenderen. De Vedische rituelen en de mantra's die daarvan een onderdeel vormen, zuiveren de atmosfeer en komen de mensheid ten goede. Zij doen natuurlijk veel goed, maar zij kunnen niet vergeleken worden met het ongelofelijke profijt dat de mensheid ontvangt van iemand die Zelfverwerkelijking bereikt heeft. Hoe belangrijk en waardevol de rituelen ook zijn, degene die ze uitvoert moet ernaar streven om ze te overstijgen en de uiteindelijke Waarheid in zichzelf te ervaren. Dat is het doel van religie: te realiseren dat er geen God of Godin los van ons eigen binnenste Zelf bestaat. Deze hoogste ervaring van eenheid met de Waarheid is het fundament van alle religieuze onderricht. Wat is het nut van het beoefenen van spiritualiteit of Vedische rituelen als het niet tot die eenheid leidt? Enkel de aanwezigheid, adem, aanraking, blik en het woord van een gerealiseerde ziel heeft de kracht om hen die met hem in aanraking komen te zuiveren en te verheffen. Zelfs de wind die zijn lichaam streelt, en zijn speeksel hebben die kracht.

Het is niet aan te raden om te veel belang te hechten aan rituelen en er te gehecht aan te worden. Hierdoor vergeet je het echte doel ervan wat het leiden van de aspirant naar de innerlijke ervaring van de Waarheid is. Dit bedoelde Sri Krishna waarschijnlijk. Amma beweert niet dat Ze iets weet van de Bhagavad Gita, maar Ze gelooft dat dit de reden is voor de kritiek van de Heer op het gedeelte over de *Karma Kanda* in de Veda's. In die tijd waren de mensen waarschijnlijk te gehecht aan het ritualistisch aspect van de Veda's terwijl het gedeelte over jnana veronachtzaamd werd.

Als Krishna in deze tijd geboren zou worden, zou hij ongetwijfeld kritiek leveren op de zogenaamde jnani's die eenvoudig over *Vedanta* praten zonder er zelfs maar iets van te ervaren of te beoefenen. Maar hij zou de Vedische rituelen prijzen. Weet je waarom? Omdat we die rituelen vergeten zijn die zo nuttig voor de wereld zouden kunnen zijn.

Niet alleen Vedische rituelen, maar ieder *karma* (activiteit) dat we verrichten, is bedoeld om ons een zekere mate van geestelijke zuiverheid te laten bereiken. Maar dit is alleen mogelijk als we de juiste houding hebben. Als de geest en de zintuigen eenmaal gezuiverd zijn, moeten we alle activiteit loslaten en naar binnen keren op zoek naar de Waarheid. Wanneer we die zuiverheid bereikt hebben, zal de zoektocht naar de Waarheid intensiever worden en zullen we automatisch naar binnen keren. Dat verlangen zal ons uiteindelijk helpen om de Hoogste Waarheid te ervaren. In de toestand van eenheid zijn er geen Veda's en geen goden of godinnen behalve ons eigen Zelf. Alles wordt als het ene en hetzelfde Zelf ervaren.

De geschriften zeggen dat voor iemand die de Hoogste Kennis bereikt heeft – de staat van *Jivanmukti*, de realisatie dat alles de Atman is – de Veda's ophouden de Veda's te zijn en de goden ophouden goden te zijn.

De ervaring van eenheid met de innerlijke Waarheid is het doel van alle religies. Waarom zouden er überhaupt religies zijn als die realisatie niet bereikt kon worden? Iedereen, de mensen van alle landen, van rijk tot arm, van de ongeletterden tot de hoog ontwikkelden, hebben de indruk dat God verschillend en gescheiden van hen is. Wat is het nut van religie of spirituele principes als de zogenaamde leraren en beoefenaars onwetend over de Waarheid blijven? Het is niet onjuist om zulke mensen te bekritiseren zolang zij de innerlijke waarheid blijven negeren. Dat moet Krishna bedoeld hebben met wat Hij in de Gita zei want Hij kwam op deze wereld met het doel om de mensen wakker te maken voor echte kennis.

Vandaag de dag is de situatie anders. Mensen gaan er prat op jnani's te zijn zonder jnana zelf te kennen, dat wil zeggen zonder het direct te ervaren. Zij zijn van mening dat een jnani iemand is die veel intellectuele begrippen in zijn hoofd heeft zitten. Zij realiseren zich niet dat ze eenvoudigweg een grote last met zich meedragen terwijl ze er niets mee bereiken.

Karma en jnana zijn van elkaar afhankelijk. Je kunt niet zeggen dat je een jnani bent zonder dat je eerst de noodzakelijke geestelijke zuivering hebt ondergaan door het verrichten van bepaalde handelingen die in de geschriften genoemd worden. Het is niet mogelijk om eenvoudigweg een grote sprong naar de staat van jnana te nemen. Het is een kwestie van een langzame maar gestage ontwikkeling. Het is als de ontwikkeling van een kind. Je kunt van een kind niet verwachten dat het slechts in een dag of twee opgroeit. Het kind moet door verschillende stadia gaan om op te groeien. Het gebeurt niet in een ogenblik.

Ongeduld vernielt

Op dezelfde manier is spirituele groei evolutionair, niet revolutionair. Door hun ongeduld hebben de mensen de neiging revolutionair te zijn. Maar revolutie is altijd destructief. Helaas eisen mensen in deze moderne tijd dat spirituele groei zo snel mogelijk is. Ze vragen om onmiddellijke verlichting. Kun je je voorstellen dat een moeder tegen haar baby zegt: 'Ik wil dat je nu meteen volwassen wordt. Waarom blijf je zolang een kind? Schiet op! Ik heb geen tijd om te wachten!' Wat zou je over zo'n moeder zeggen behalve dat ze hartstikke gek of geestelijk gestoord is? Mensen verwachten dat er een wonder gebeurt. Zij hebben het geduld niet om te wachten of moeite te doen. Zij begrijpen niet dat het echte wonder bestaat uit het opengaan van je hart voor de ene Hoogste Waarheid. Dat innerlijke opbloeien is echter altijd langzaam en gestaag. Alles in de natuur is evolutionair. God is heel voorzichtig en uiterst geduldig zelfs met het opengaan van een bloem, en het opengaan van een bloem is een wonder. Er zijn negen maanden nodig voordat een kind klaar is om geboren te worden en die geboorte is een wonder. God heeft nooit haast. Hij zorgt voor een geleidelijke ontwikkeling. Echte groei vindt alleen plaats bij een geleidelijke ontwikkeling.

Amma zegt niet dat de hoogste realisatie niet zomaar kan plaatsvinden. Het zou ieder ogenblik kunnen gebeuren door de genade van de meester. Maar ben je er klaar voor dat dat gebeurt? Er zijn mensen die zeggen: 'Waarom zou ik me erop voorbereiden wanneer ik reeds Dat ben?' Ja, je bent Dat maar wat doe je met de lading negativiteit die je nog steeds met je meedraagt? En wat doe je met je ego? Zolang er een spoor van gebondenheid is, moet je eraan werken om die gebondenheid te verwijderen. Het gevoel dat je het lichaam en de geest bent is een vorm van gebondenheid. Hetzelfde geldt voor kwaadheid, haat, lust en jaloezie. Wanneer je in de greep van zulke gevoelens bent, kan de Waarheid die in je bestaat en die je ware aard is, niet gerealiseerd worden. Daarom is het proces van *sadhana* (spirituele oefeningen) nodig.

Mensen hebben talloze behoeften en eisen die ze zo snel mogelijk willen vervullen. Zij willen resultaten maar zij hebben niet het geduld om voor die resultaten te werken. Om een groot kunstenaar of wetenschapper te worden of om een fortuin te verdienen zijn mensen bereid om lange tijd een training te ondergaan, maar wanneer het onderwerp Godsrealisatie is, eisen zij het ogenblikkelijk. Maar ongeduld kan alleen negatieve resultaten brengen.

Iedereen kent het verhaal van de Pandava's en de Kaurava's. De Pandava's werden geboren uit *mantra shakti* (de kracht van bepaalde heilige formules). Toen Yudhistira, de oudste van de vijf Pandava broers geboren werd door het aanroepen van een godheid, werd Gandhari, die toen zwanger was, uiterst ongeduldig. Ze sloeg zo hard op haar eigen maag dat ze een miskraam kreeg en een brok vlees baarde. Toen kreeg een groot heilige medelijden met haar en kwam haar te hulp. Hij verdeelde de klomp vlees in honderd stukken en deed ze in honderd verzegelde potten. Hij vulde de potten met zijn levensenergie en instrueerde Gandhari om ze niet voor een bepaalde tijd te openen. Maar opnieuw was Gandhari zo ongeduldig dat ze niet kon wachten en ze opende de potten voordat ze dat mocht. Als gevolg daarvan werden de Kaurava's onvolmaakt en kwaadaardig geboren. Zij waren het werktuig voor de vernietiging van het hele volk.

Door haar ongeduld kon Gandhari niet wachten tot de *sankalpa* achter de kracht van de heilige effect had. Als ze geduldig genoeg geweest was, dan had ze briljante, deugdzame zonen als de Pandava's gehad. Maar haar ongeduld vernietigde de potentiële goedheid en schoonheid van dat deel van de schepping dat de Kaurava's waren. Als gevolg van haar ongeduld werd de slechte prins Duryodhana geboren als de oudste van haar kinderen. Zo was haar ongeduld de oorzaak van verschrikkelijke vernietiging."

Amma hield op met praten en zong een bhajan genaamd *Oru Nimisha Menkilum*.

> *O mens, terwijl je geluk in deze wereld zoekt,*
> *ervaar je dan zelfs maar één seconde*
> *innerlijke rust?*
> *Zonder de Waarheid te begrijpen*
> *ren je de schaduw van Maya achterna.*
> *Je zult hetzelfde lot ondergaan als de mot die misleid wordt*
> *door het zien van het gloeiende vuur.*
>
> *Nadat je geleidelijk door verschillende incarnaties*
> *als insect, vogel en dier geëvolueerd bent,*
> *ben je uiteindelijk als mens geboren.*
> *Wat zou het doel van het menselijke leven*
> *anders kunnen zijn dan Zelfrealisatie?*
>
> *Gooi je trots en hebzucht weg.*
> *Laat het leven van begoocheling los.*
> *Breng je menselijke leven door*
> *met het verheerlijken van de hoogste Brahman.*
> *Godsrealisatie is je geboorterecht.*
> *Verspil dit kostbare leven niet.*

Toen het lied ophield, vroeg een toegewijde aan Amma om uit te weiden over het verhaal van Gandhari.

Amma: "Het menselijke ras koerst af op vernietiging. Mensen hebben niet het geduld om Gods sankalpa in hun leven te laten werken, of in de samenleving als geheel. De mensen zijn verblind door hun ongeduld en door hun vraag om onmiddellijke bevrediging. Het ego wil altijd uitdagingen aannemen en zijn verlangens in de kortst mogelijke tijd vervullen. Door hun haast verliezen de mensen hun geduld en onderscheidingsvermogen, wat op zijn beurt hun helderheid van visie vernietigt. Als we dit door laten gaan, zal het in een ramp eindigen. Wanneer iedereen in de samenleving op deze manier verblind is, zal men met elkaar in conflict komen. Individuen zullen met individuen in botsing komen, samenlevingen met samenlevingen en naties met naties. Ongeduld veroorzaakt disharmonie en onvolmaaktheid. Het kwaad in de wereld van vandaag dat door het ongeduld van de mensen veroorzaakt is, plaveit de weg voor verschrikkelijke vernietiging. Het kan niet vermeden worden, tenzij wij wakker worden. Dit is de moraal van het verhaal.

Gods goddelijke sankalpa is achter alles in de schepping. De Goddelijkheid is altijd aanwezig, maar ons ongeduld sluit de deuren, waardoor Gods sankalpa geen resultaat in ons leven heeft. Duryodhana, de zoon van het ongeduld, sloot alle deuren van zijn hart zodat Heer Krishna's genade en licht niet in zijn leven konden komen. Hoewel hij door veel wijze mensen omgeven was in zijn paleis, was niemand in staat om zijn ogen te openen. Door zijn verdorvenheid en geweldige ongeduld kwam hij snel tot conclusies en ergerde daardoor iedereen om hem heen.

Alleen een diepe, geleidelijke, stabiele ontwikkeling kan werkelijk resultaat hebben. Gods motto is evolutie. Het groeien naar de staat van Godsbewustzijn is bijna altijd een evolutionair proces. We moeten aan de noodzakelijke voorwaarden van zuiverheid en geestelijke rijpheid voldoen voordat we het gebied van de Hoogste Waarheid kunnen betreden. En dat bereiken we door rituelen. Als we die rijpheid en zuiverheid eenmaal bereikt hebben, zijn we klaar om in de oceaan van *Sat-Chit-Ananda* (Zijn, Bewustzijn, Gelukzaligheid) te duiken, en dan zijn activiteiten of rituelen niet langer nodig. Terwijl we actief zijn of als we rituelen verrichten, moeten we in gedachten houden dat

Zelfkennis het uiteindelijke doel is. In Krishna's tijd waren de mensen het doel van de rituelen die zij verrichtten, vergeten. Zij waren eraan gehecht en deden geen enkele moeite om het ritualistische aspect van religie te transcenderen. Zij waren vergeten dat de rituelen bedoeld waren om hen naar het hoogste doel te leiden. Daarom bekritiseerde Krishna hen. Dus kinderen, jullie moeten niet denken dat Krishna iets tegen de Vedische rituelen op zich had. Als je de Bhagavad Gita goed leest, zul je begrijpen wat hij echt bedoelde.

Als je naar een boom kijkt, zul je opmerken dat de vruchten niet verschijnen zonder dat de bloemen eerst bloeien en van de boom vallen. Op het spirituele pad is Zelfkennis de uiteindelijke vrucht. Om die vrucht te verkrijgen moeten de bloemen van karma (activiteit) eerst bloeien en dan afvallen."

Op de achtergrond dansten de vingers van de musicus David gracieus over de snaren van zijn harp terwijl hij zacht zong:

> *Soham, soham,*
> *Jij en ik zijn één.*
> *Amma, Amma, soham,*
> *Jij en ik zijn één.*
> *Shiva, Shiva, soham,*
> *Jij en ik zijn één.*
> *Krishna, Krishna, soham*
> *Jij en ik zijn één.*
> *Jezus, Jezus, soham*
> *Jij en ik zijn één...*

De goddelijke aanraking

Het avondprogramma werd in een gebedsruimte van de Quaker Friends gehouden. Er stond een grote menigte op Amma te wachten toen Ze aankwam. Het is opmerkelijk hoe Amma in staat is om met mensen te communiceren ook als er geen directe conversatie is.

Bij de deur werd Amma op de traditionele manier begroet: Haar heilige voeten werden gewassen, Ze kreeg een bloemenkrans om en men zwaaide met brandende kamfer voor Haar. Toen Amma door de zaal liep, raakte Ze vaak mensen aan als Ze langs hen liep. Ze wreef over iemands borst, gooide liefhebbend het haar van iemand anders in de war, wierp een liefdevolle blik naar iemand, tikte op een wang of glimlachte naar iemand. Al deze kleine gebaren hadden een grote invloed op degenen die ze ontvingen. Als mensen een aanraking, blik of glimlach van Amma ontvangen hadden, lachten ze vaak blij, terwijl anderen zo bewogen waren dat ze huilden. Amma's blik bijvoorbeeld was zo stralend en liefdevol en enkel Haar aanraking kon iemands hele wezen met zo veel vreugde en gemoedsrust vullen, dat sommigen die het ervoeren alleen in een hoek gingen zitten en verdiept raakten in meditatie. Het gezicht van anderen die gespannen en bezorgd keken door de spanning en het lijden in hun leven, werd opvallend getransformeerd door dat ogenblik contact met Amma.

Het programma begon om zeven uur 's avonds. Het laatste lied van de bhajans was *Omkara Divya Porule*.

Kom snel, mijn liefste kinderen!
Jullie zijn de essentie van Om.
Doe alle verdriet weg.
Ontwikkel je om beminnelijk te worden
en op te gaan in Om.

Misschien struikelen jullie, mijn kinderen,
maar Moeder loopt naast jullie
en schept in jullie
het bewustzijn van de Eeuwigheid.

Liefste kinderen,
vergeet in je hart nooit
dat God Liefde is,
en door te mediteren
op de belichaming van Liefde,
zullen jullie zelf die Liefde worden...

Amma verving het refrein door 'Om.'

Het lied eindigde met het melodieuze herhalen van 'Om' en het gehele gehoor deed mee. Het herhalen duurde meer dan vijf minuten. Het klonk alsof Amma het gehoor naar de wereld van de Hoogste Waarheid leidde, het gebied van 'Om,' de Oerklank.

Een daad van argeloze liefde

Om drie uur 's morgens toen de darshan eindelijk over was, stond Amma van Haar stoel op en liep langzaam de zaal uit waarbij Ze iedereen die naast het pad in een rij was gaan staan, liefdevol aanraakte. Buiten was het koud. Amritatma wachtte naast de auto op Amma. Toen hij daar stond zag hij iets heel ontroerends.

De grond voor de zaal was uitgegraven voor reparatiewerkzaamheden. Een brede houten plank diende als brug over het gat. De plank was sterk, maar zag er ruw en vies uit. Hoewel het buiten koud was deed een toegewijde genaamd Ken Goldman zijn jas uit en spreidde die liefdevol over één kant van de plank zodat Amma er over kon lopen. Toen zijn vrouw Judy zag dat het niet voldoende was om de hele plank te bedekken, trok zij onmiddellijk haar jas uit en legde die naast die van Ken. Toch was er nog wat ruimte over waar de vieze plank nog zichtbaar was. De twee zonen van het echtpaar trokken, geïnspireerd door hun ouders, hun jasjes uit en legden die voorzichtig over het overgebleven stuk.

Toen Amma naar buiten kwam en de vier jassen op de brug zag liggen, zei Ze: "Kinderen, wat is dit? Waarom maken jullie je goede kleren kapot? Het is erg koud. Pak alsjeblieft je jassen en doe ze weer aan. Dit lichaam groeide onder erg moeilijke, sobere omstandigheden op, dus Amma kan zich gemakkelijk aan alle omstandigheden aanpassen. Amma heeft geen speciale behandeling nodig." Amma boog voorover en probeerde hun jassen op te pakken, maar Ken en Judy knielden voor Haar en zeiden: "Nee Amma! Zuiver onze kleren alstublieft door de aanraking van Uw voeten, zodat wij ook gezuiverd zullen worden wanneer we onze jassen weer aandoen." Toen Ken en Judy naar Amma opkeken stonden hun twee kinderen dicht bij Amma en leunden tegen Haar. Amma glimlachte en Zij hield met veel affectie het hele gezin in Haar armen. En toen beantwoordde Zij hun gebed, liep over hun kleren de brug over en stapte in de auto. Het gezin pakte gelukkig hun jassen op en trok ze weer aan.

In de auto zei Amma: "Wat die kinderen (de Goldmans) deden herinnert Amma eraan hoe het gezin van een *grihasthashrami*[3] hoort te zijn. Toen mijn zoon zijn jas uittrok en die over de plank legde, was hij bereid om zijn jas op te offeren en in de ijzige kou te staan omdat hij het zijn *dharma* (plicht) vond om Amma's voeten te beschermen. Toen zijn vrouw zag dat zijn jas niet groot genoeg was om de hele plank te bedekken, trok ook zij haar jas uit omdat ze vond dat het haar dharma was om te voltooien wat haar man niet af kon maken. Maar haar jas was ook

---

[3] Een grihasthashrami is iemand die toegewijd is aan een spiritueel leven terwijl hij een gezin heeft.

niet groot genoeg, dus kwamen nu de twee kinderen naar voren om het werk af te maken waar hun ouders mee begonnen waren. Zo steunde het hele gezin, geïnspireerd door een ideaal, elkaar oprecht om een taak te voltooien waarvan zij geloofden dat het hun dharma was. Hoewel het een klein voorval lijkt, offerde ieder van hen iets voor het geluk van iemand anders. Het betekent niet dat het voor Amma nodig was dat die jassen op die plank gelegd werden, maar hun voorbeeld deed Haar hart smelten. Ze voelde zoveel liefde voor die kinderen!

Deze houding moet zich ontwikkelen, niet alleen tegenover Amma maar tegenover iedereen. We moeten liefdevol samenwerken en elkaar ondersteunen voor het gemeenschappelijke goed van iedereen, voor de verbetering van de hele samenleving. Dat is ons echte dharma, en het kan ons naar het uiteindelijke doel van het leven brengen, Zelfrealisatie. Maar het moet altijd met het gezin beginnen."

Verbazingwekkende genade

Het was de volgende dag vier uur 's ochtends en Amma was net klaar met het geven van darshan. Mensen hadden urenlang rondom Amma gezeten en hadden eindeloos naar Haar stralende gezicht gekeken dat ieder ogenblik absoluut fris en nieuw voor hen leek, en toch zo heel vertrouwd. Urenlang hadden zij uit de onuitputtelijke beker van Haar goddelijke liefde gedronken, waarbij ze nooit van hun plaats opstonden behalve om naar Haar darshan te gaan. Amma stond uiteindelijk op van Haar stoel en stond op het punt om naar de deur te gaan toen Ze plotseling bleef staan en naar iemand achter in de zaal stond te kijken. Ze riep "Mol (mijn dochter)!' Iedereen draaide zich om om te zien wie Amma riep. Opnieuw riep Amma: "Mol, kom!" Een ogenblik later kwam er een jonge vrouw op Amma afgerend. Met een luide schreeuw viel zij aan Amma's voeten. De vrouw snikte oncontroleerbaar en riep uit "Moeder! Moeder!" Een paar mensen stonden op het punt om haar bij Amma weg te trekken, maar Amma hield hen tegen en zei: "Nee, het is in orde! Zij heeft vreselijk veel pijn. Laat haar haar verdriet uitstorten." Dus stonden ze erbij en sloegen het voorval rustig gade. Een paar minuten gingen voorbij. De vrouw lag nog steeds op de grond aan Moeders voeten en huilde tranen met tuiten. Brahmachari Amritatma en enkele anderen werden ongeduldig, stapten naar voren en vroegen haar om op te staan. Deze keer zei Amma niets maar Ze hield hen met een strenge blik tegen. Er gingen nog een paar minuten voorbij en toen stond de vrouw langzaam op en knielde voor Amma. Ze bracht haar handen samen in een gebaar van eerbied en keek op naar Amma's gezicht. Ze probeerde om door haar tranen heen te spreken maar kon dat niet door haar intense emoties. Amma glimlachte naar haar met een zeer meedogende blik en trok de vrouw dicht naar zich toe. Opnieuw barstte de vrouw in tranen uit. Amma sloot Haar ogen en leek naar een andere wereld te glijden. Ze liefkoosde de vrouw, aaide haar haar en mompelde zachtjes "Mol... Mol..."

Toen zij Amma vriendelijk tegen haar: "Liefste dochter, mijn kind, huil niet. Amma kent je hart heel goed!" Op een gegeven moment merkten degenen die aanwezig waren op dat Amma de tranen van Haar eigen ogen afveegde. Toen zij dit zagen konden velen hun tranen niet bedwingen.

Dit herinnert ons aan Amma's uitspraak: "Wanneer je in Amma's aanwezigheid bent, wordt Zij jou. Amma is als een spiegel. Ze weerkaatst eenvoudig de innerlijke gevoelens van Haar kinderen."

Uiteindelijk slaagde de vrouw erin om tot bedaren te komen. Amma gaf haar nog een omhelzing, kuste haar zachtjes op beide wangen en liep toen langzaam de zaal uit.

Toen Amma de zaal uitging, raakte Ze iedereen waar Ze langs liep, liefdevol aan. Haar liefde vulde de atmosfeer. Een vrouw begon spontaan *Amazing Grace* te zingen en iedereen deed mee. Toen stapte Amma, de bron van alle genade, in de auto en reed de auto weg.

De volgende dag vertelde de vrouw die zo overvloedig aan Amma's voeten gehuild had, aan Brahmachari Amritatma wat haar overkomen was. Ze was naar de zaal gekomen net voordat het programma begon en had tijdens het hele programma achter in de ruimte gezeten en toegekeken hoe Amma darshan gaf. Zij had zelf niet het voornemen om naar Amma toe te gaan en er was een reden voor haar weerstand. Ze had in het verleden een paar ernstige fouten gemaakt, die volgens haar onvergeeflijk waren en zij voelde zich daar uiterst schuldig over. Toen zij naar Amma keek en de grenzeloze liefde zag waarmee Zij iedereen overlaadde, dacht de vrouw dat een zondares als zij het niet verdiende om zulke liefde te ontvangen. Ze had besloten om niet naar darshan te gaan en zat daar het hele programma te huilen. Maar Amma zag haar en riep haar aan het einde, omdat Ze alles wist over haar mentale pijn.

Een paar dagen later vroeg Brahmachari Amritatma op weg naar een avondprogramma aan Amma waarom Ze die nacht helemaal tot het einde gewacht had om die vrouw te roepen.

Amma: "Door in Amma's aanwezigheid te zitten en Amma zo lang gade te slaan werd die dochter zich plotseling bewust van de vreselijke schuldenlast die zij met zich meedroeg en dit bewustzijn schiep de drang om zich er volledig van te ontdoen en vrij te zijn. Het diepe gevoel van Amma's liefde dat ze ervoer terwijl ze daar achter in de zaal zat, hielp haar om haar innerlijke pijn te verzachten. Al die tranen wasten haar schuld weg en toen Amma haar tenslotte riep, was ze klaar om zich van haar last te ontdoen en de vrede te vinden waarnaar ze verlangde. Dit had niet kunnen gebeuren als Amma haar aan het begin van de darshan geroepen had, omdat er voor haar een bepaalde tijd nodig was om zich te openen. Alles is bedoeld om op een bepaalde manier te gebeuren, alleen dan heeft het een blijvend effect.

Een zondaar — maar in feite zijn er geen zondaars, want de staat van verlichting ligt verborgen in alle mensen, zelfs in de ergste 'zondaar' en wacht daar op het juiste ogenblik om naar buiten te komen. Dus niemand is echt een zondaar. Er is alleen de *Atman*. Amma gebruikt het woord 'zondaar' alleen om iets uit te leggen.

Een zondaar kan alleen vrede vinden in de aanwezigheid van een groot meester. Want in de aanwezigheid van de meester kan de geest vrij stromen. In die sfeer van onvoorwaardelijke liefde smelten alle zonden weg. De gesloten dam van de geest opent zich en laat de verharde geest en zijn emoties zacht worden en ongehinderd stromen.

Die dochter zat verstrikt in haar pijn. Ze had nooit de gelegenheid gehad om zich van de schuld en het verdriet die in haar geest vastzaten, te bevrijden omdat er hiervoor nooit gunstige omstandigheden waren geweest. Dus was de pijn diep in haar verborgen gebleven.

Je probeert je pijn met verschillende gedachten, voorwerpen en genoegens te verhullen. Je koopt bijvoorbeeld een nieuwe auto of een nieuw huis of zoekt een nieuwe vriend of vriendin. Als je doorgaat om je pijn te verhullen met afleidingen, laag na laag, wordt de pijn met de tijd harder. Hij wordt sterker en zijn greep subtieler. Je gaat naar een psychotherapeut, maar wat kan hij doen? Hij zit verstrikt in zijn eigen geest. Het enige wat hij kan doen is je helpen om je pijn nog verder weg te stoppen zodat de pijn binnen in je blijft zonder een mogelijkheid om verwijderd te worden. Iedereen die probeert om iemand te helpen om zulke pijn te verwijderen zal ontdekken dat er geen echte genezing of verandering plaats kan vinden, tenzij zijn eigen bewustzijn op een hoger niveau is dan dat van degene die hij probeert te helpen. Wat echt van belang is, is je niveau van bewustzijn. Een gerealiseerde ziel is op het hoogste niveau van bewustzijn, hij heeft het hoogtepunt bereikt. In zijn aanwezigheid wordt alle verdriet verwijderd en de wonden van de psyche worden spontaan genezen.

Alleen een *Satguru* (een gerealiseerde meester) kan de noodzakelijke genade schenken en de juiste condities creëren die je pijn aan de oppervlakte zullen brengen. Dat is precies wat er hier gebeurde. De pijn van de vrouw werd ontmaskerd. Amma's aanwezigheid hielp haar om zich van de schuld te ontdoen die ze zo lang met zich meegedragen had.

De beste manier om af te komen van de grote schuldenlast die als een geïnfecteerde wond is en die je van binnen aanvreet, is om je er volledig bewust van te worden. Dit kan alleen in de aanwezigheid van een echte meester gebeuren. De meester toont je de diepe wonden die in je etteren. Hij helpt je om je bewust te worden van de ernstige schade die die wonden zouden kunnen veroorzaken, hoe ze je hele leven zouden kunnen vernielen. Uiteindelijk worden door zijn oneindige liefde en compassie die wonden geheeld.

Amma heeft een verhaal gehoord dat je misschien helpt om dit te begrijpen.

Er was een rijke man die overwerkt was en aan ernstige stress leed. Daardoor verloor hij volledig zijn innerlijke rust. Hij ging naar verschillende doktoren en therapeuten om genezing voor zijn dilemma te vinden. Iedereen inclusief zijn vrienden drong er bij hem op aan om zijn werk op te geven en te rusten, om thuis te blijven en een vredig leven te leiden. Maar noch hun advies, noch de medicijnen die hij kreeg, schenen hem te helpen. Op een dag hoorde hij over een grote heilige die in een afgelegen grot woonde. Hij was zo wanhopig dat hij besloot om de meester op te zoeken.

Na een lange, zware reis bereikte hij uiteindelijk de plaats. Hoewel het ijskoud was, zat de heilige naakt in de grot. Hij gebaarde rustig naar de bezoeker om naast hem te komen zitten en toen sloot hij zijn ogen en ging in een toestand van samadhi. De heilige bleef drie dagen in die toestand, terwijl de bezoeker daar geduldig in de ijskoude grot bleef zitten, zonder te eten of te slapen. Zo groot was zijn verlangen om zich van de pijn te bevrijden. De derde dag opende de heilige zijn ogen en zei tegen hem: 'Geef je werk op en rust. Blijf thuis en leid een vredig leven.' De man luisterde naar wat de heilige te zeggen had en ging naar huis.

Een paar dagen later kwamen zijn vrienden hem opzoeken. Ze waren verrast toen ze zagen hoe rustig en tevreden hij leek. Ze vroegen zich af hoe hij in zo'n korte tijd zo'n transformatie had kunnen ondergaan. Toen hij hun over zijn bezoek aan de heilige vertelde en wat hij tegen hem gezegd had, riepen zij uit: 'Maar dat is precies wat wij jou de hele tijd verteld hebben!' De man glimlachte en zei: 'Misschien waren dat de woorden die jullie gebruikten, maar toen ik diezelfde woorden van een echte meester hoorde, zag ik plotseling hun echte, innerlijke betekenis. Want toen de meester die woorden uitte, werd mij iets onthuld. Het werd mij duidelijk dat "je werk opgeven en rusten" betekent de zintuigen terugtrekken uit de wereld van diversiteit en "thuis blijven en een vredig leven leiden" betekent in het Zelf verblijven en alles als een manifestatie van God zien. De aanwezigheid van de meester en de kracht achter zijn woorden verwijderden al mijn angst en spanning. Nu ervaar ik eindelijk echte innerlijke rust.'

Kinderen, alleen in de aanwezigheid van een gerealiseerde meester kan er echte transformatie plaatsvinden. Maar zowel in het geval van die dochter als in het geval van de man in het verhaal ervoeren zij alleen innerlijke rust nadat ze de nodige moeite gedaan had. Maar eigenlijk hoef je geen moeite te doen, omdat er geen kracht of inspanning bij te pas komt. De moeite is moeiteloos en spontaan, het gebeurt gewoon: de deuren van het hart gaan open en laten de genade van de meester naar binnen stromen die je leven nieuw licht en energie geven."

Wat Amma over de vrouw zei bleek waar te zijn omdat ze op een dag kort daarna terugkwam om Amma te zien en Haar vertelde dat ze zich als een ander iemand voelde, dat ze voor het eerst in jaren ontspannen was en in vrede met zichzelf leefde.

Amritatma stelde Amma een andere vraag: "Amma, U had haar pijn alleen door Uw sankalpa kunnen verwijderen, zonder dat ze zo lang hoefde te huilen. Waarom hebt U dit niet gedaan?"

Amma: "Zoon, dat is precies wat er gebeurde. Amma's sankalpa was aan het werk, die is er altijd. Wat inspireerde volgens jou op de eerste plaats die vrouw om te komen en Amma te zien? Als ze uit eigen beweging gekomen was, was ze misschien eenvoudig weer weggegaan in plaats van achter in de zaal te zitten en de hele darshan lang te huilen. Wat deed haar daar zo lang zitten? En tenslotte: wat deed haar opengaan in de mate waarin zij dat deed? Denk je dat dit allemaal zonder Amma's sankalpa had kunnen gebeuren? Haar eigen inspanning zou niet genoeg geweest zijn. Er is genade en een goddelijke sankalpa achter alles.

Situaties die tot gevolg hebben dat je je opent en je innerlijk ontwikkelt kunnen alleen plaatsvinden door de sankalpa van God of de guru. Niets is toevallig. We moeten dit kunnen zien."

De eerste Devi Bhava

De eerste *Devi Bhava* werd gehouden in de woonkamer van Earls huis in een klein tempelheiligdom dat speciaal voor die gelegenheid gemaakt was. Vroeg in de avond voor Devi Bhava presenteerde Brahmachari Amritatma Amma's levensverhaal in de traditionele *katha* vorm, geïllustreerd met liederen die in het verhaal verwerkt waren. Iedereen werd hierdoor diep geraakt, vooral omdat de meesten van hen Amma net ontmoet hadden en niets wisten over Haar opmerkelijke leven.

Het huis zat propvol. Overal in het huis en buiten in de tuin waren mensen. Nadat het verhaal verteld was zaten de mensen in de woonkamer voor de gesloten tempel te wachten totdat Devi Bhava begon. Ze wisten niet wat ze moesten verwachten. Men had hun verteld dat Amma Haar eenheid met de Goddelijke Moeder op een meer tastbare manier zou onthullen.

Amma heeft eens tegen een paar van Haar leerlingen gezegd: "Als jullie Amma werkelijk zouden zien zoals Ze is, zou dat jullie overweldigen, jullie zouden het waarschijnlijk niet aankunnen. Hierom hult Amma zich altijd in een dikke laag Maya (illusie). Maar tijdens Devi Bhava verwijdert Moeder een of twee van Haar sluiers en laat Ze iets meer zien van wat Ze werkelijk is."

Deze avond, Amma's eerste Devi Bhava in het westen, scheen het de brahmachari's toe dat Amma zelfs meer van Haar sluiers verwijderde dan gewoonlijk. Het bleek een onvergetelijke nacht te zijn voor allen die aanwezig waren.

Plotseling gingen de gordijnen open die van zijden sari's van verschillende kleuren gemaakt waren, en de brahmachari's begonnen de *Durga Sukta*[4] te reciteren, wat ze altijd deden bij het begin van iedere Devi Bhava.

Amma zat op een stoel en droeg een prachtige, diepgroene zijden sari en de traditionele kroon van Devi, de Goddelijke Moeder. De mensen waren in vervoering door wat ze zagen. Tijdens de darshans overdag kon men duidelijk Amma's Goddelijkheid zien en voelen op een manier die woorden niet konden beschrijven. Maar nu werd het hun op een nog krachtigere manier bekendgemaakt. Haar gezicht straalde helemaal met de kracht, schoonheid en het mededogen van de Goddelijke Moeder. En

---

[4] Mahanarayana Upanishad

die straling verspreidde zich over de hele kamer en doordrong de atmosfeer als een verrukkelijke geur. Amma was zo vol met Goddelijke Energie dat Haar hele lichaam zichtbaar trilde met kracht en dit ging door tijdens de hele Devi Bhava, die tot de vroege ochtenduren duurde.

Een voor een gingen de mensen naar Amma en werden door Haar omhelsd. Toen Amma hen aanraakte kregen zij een directe ervaring van een bovennatuurlijke kracht die erg subtiel was en toch immens krachtig. Sommige mensen vergeleken het met opgeladen worden met een krachtige stroom die uiterst kalmerend en verheffend was. Sommige mensen hadden de ervaring gezuiverd te worden, en hun negativiteit werd verwijderd. Anderen werden naar een transcendente staat van bewustzijn gebracht voorbij tijd en ruimte. De hele nacht door zongen en dansten er mensen van vreugde. De brahmachari's zaten voor de tempel en zongen bhajans. Bij het begin van de Bhava darshan zongen zij *Jaya jaya devi dayamayi ambe.*

Overwinning voor Moeder
die vol vriendelijkheid is!
Moeder, geef mij alstublieft de gelukzaligheid
van Uw mededogen, dat als een oceaan is.
Reciteer de Veda's voor Uw dienaren,
O mijn Godin Amritanandamayi.

Door ons Uw Lotusgezicht te herinneren,
worden onze zonden
en onze vrees voor groei vernietigd.
O mijn Godin Amritanandamayi
die aan Zuivere Dharma gehecht is,
Schenkster van voorspoed.

O Moeder, die er bij ons op aandringt
het comfort van de sterfelijke wereld op te geven,
Schepper van het universum,
wier natuur zuiverheid zelf is,
O mijn Godin Amritanandamayi.

O grote Heilige, aanbeden door de volgelingen,
met een zuivere, betoverende glimlach op Uw gezicht,
verblijft U in de Hoogste Staat,
niet geraakt door verlangens,
O Amritanandamayi.

U bent geboren als de Godin van Wijsheid
om ons van deze treurige wereld te bevrijden,
O Amritanandamayi.
Mogen Uw heilige voeten hun schittering
voor altijd naar ons hart overbrengen.

U bent geboren ter wille van de ellendige mensen.
Uw heilige doel is het welzijn van anderen.
O mijn Godin Amritanandamayi,
die een menselijke vorm heeft,
maar wier echte aard Zijn - Bewustzijn is.

U leert ons om onderscheid te maken tussen
het Zelf en het niet-Zelf
zodat onze geest gezuiverd wordt.
Geabsorbeerd in de Atman
stromen Uw zachte woorden naar buiten
in een honingzoete stroom,
O Amritanandamayi.

Later die nacht op het eind van Devi Bhava stond Amma op en liep naar de voorkant van het heiligdom. Ze stond voor alle mensen en strooide handenvol bloemblaadjes over iedereen uit. Zo aanbad Ze het Allerhoogste in iedereen. En toen Amma zo voor hen stond, waarbij Ze Haar lichaam een beetje van de ene kant naar de andere draaide, onderging Ze een zichtbare transformatie. Het leek Brahmachari Amritatma dat Amma plotseling groter geworden was en dat Haar gezicht er heel anders uitzag. Hoewel Haar grenzeloze mededogen nog in Haar ogen scheen, zag hij niet meer de lieve, aardige Moeder voor hem, maar de ongelooflijk krachtige, ontzagwekkende vorm van Devi, de Moeder van het Universum, in Haar meer onpersoonlijke vorm. En toen Moeder dit ene aspect van de oneindige aspecten van Haar Wezen onthulde, zongen hij en de andere brahmachari's Om Bhadrakali.

Om Bhadrakali,
O Godin die ons bescherming geeft,
betoverende Vrouw en Moeder,
zegen mij!
O Godin die de demon Chamunda doodde,
bescherm alstublieft Uw mensen liefdevol
en maak hen gelukkig!

Wij buigen voor Uw Lotusvoeten,
die versierd zijn met gouden enkelbanden.
O Chandika, O Schoonheid, grote Danseres,
zegen ons met Uw genadige blik!

O dappere Bhairavi,
die het hoofd van de demon Darika afgehakt heeft,
wij zoeken toevlucht aan Uw voeten
en zingen Uw lof.
Oceaan van Genade, wij buigen voor U.

Carmel

De alwetende Moeder

In Carmel gaf Amma een avondprogramma in de zaal van de Women's Club. Ze verbleef bij een neef van Nealu en Earl, Ron Gottsegen. Ron die vroeg in de vijftig was en een zeer succesvol elektronicabedrijf bezat, voelde zich erg tot Amma aangetrokken vanaf het eerste ogenblik dat hij Haar zag. 's Middags voor het avondprogramma zat Amma alleen op het uitgestrekte grasveld in Rons tuin, toen Amritatma naar buiten kwam en bij Haar ging zitten. Toen hij naast Haar ging zitten, zei Ze: "Ron heeft de eigenschappen van een echte zoeker. Op een dag zal hij van alles afstand doen. Hij is mijn zoon." Dit is precies wat er gebeurde. Ron zou later wat land in San Ramon kopen en het aan Amma geven als een uiting van liefde. En dat land zou Amma's ashram in Californië worden. Ron zou later ook verantwoordelijk zijn voor de ontwikkeling van Amma's hoog gespecialiseerde ziekenhuis in Ernakulam en blijvend bij Amma in India gaan wonen.

Seattle

In Seattle verbleef Amma bij de Heer en Mevrouw Hoffmann. Het eerste avondprogramma werd in hun huis gehouden.

Sinds Amma in Amerika aangekomen was, had Ze steeds korte brieven geschreven aan iedere bewoner van de ashram in Vallickavu, omdat Ze wist hoeveel zij eronder leden dat ze van Haar gescheiden waren. Telkens als Ze een klein beetje vrije tijd kon vinden tussen de morgen- en avonddarshans was Amma brieven aan het schrijven.

Op een avond zei Amma: "De ochtendmeditatie is net afgelopen in de ashram in India. Amma kan al Haar kinderen samen voor de meditatieruimte zien zitten. Ze denken aan Amma en ze zijn erg bedroefd. Enkelen van hen huilen omdat ze Haar zo missen!" Amma noemde de namen van hen die huilden en toen sloot Ze Haar ogen en zat stil terwijl er tranen over Haar wangen stroomden.

Toen de darshan die nacht over was, gaf Amma de wens te kennen om met alle ashrambewoners in India te praten. Dus belden ze Mahadeva op, een toegewijde van Amma die in Alleppey, een stad niet ver van de ashram, woonde. Zij spraken af dat alle ashrambewoners daar de volgende dag op dezelfde tijd zouden wachten.

De volgende nacht na het avondprogramma belde Amma naar Alleppey op en sprak met Haar kinderen die daar vanuit de ashram naar toegebracht waren. Ze wachtten vol verlangen om Haar stem door de telefoon te horen. Amma vroeg hen of zij bedroefd waren. Ze vertelden Haar dat ze vooral de vorige dag erg bedroefd geweest waren. Ze hadden buiten voor de meditatieruimte gezeten na de ochtendmeditatie, aan Amma denkend en huilend. En nu belde Ze hen op! Met woorden geladen met mededogen probeerde Amma hen over de telefoon te troosten. Ze vertelde hen dat Ze altijd bij hen was en hen de vorige dag gezien had. Toen Ze uiteindelijk de hoorn neerlegde, vertelde Ze aan degenen die aanwezig waren hoe bedroefd Haar ashramkinderen waren en hoe het Haar hart brak toen ze hen "Amma" over de telefoon hoorde roepen.

Het was duidelijk dat het intense verlangen van Haar kinderen in India Amma had laten reageren door hen op te bellen.

De betekenis van Amma's tranen

Je vraagt je misschien af hoe een grote meester als Amma kan huilen. Op een keer toen Brahmachari Srikumar (Swami

Purnamritananda) niet bij Amma kon zijn en Amma een brief las die hij Haar gestuurd had, merkte Brahmachari Amritatma op dat Ze huilde. De letter bevatte een lied genaamd *Arikullil* dat Srikumar geschreven had.

> *De zon is in de westelijke oceaan ondergegaan.*
> *De dag is met zijn klaaglied begonnen.*
> *Het is slechts het spel van de Universele Architect,*
> *dus waarom zouden jullie je neerslachtig voelen,*
> *o sluitende lotussen?*
>
> *Deze wereld vol ellende en verdriet*
> *is slechts het drama van God, de Schepper.*
> *En ik, een toeschouwer,*
> *ben een marionet in Zijn handen.*
> *Ik kijk toe maar laat geen tranen.*
>
> *Gescheiden van U*
> *brand ik als een vlam.*
> *Mijn geest brandt en brandt.*
>
> *Ik wordt heen en weer geslingerd*
> *in deze oceaan van verdriet,*
> *en kan de kust niet vinden.*

Toen Amritatma Amma's tranen zag, dacht hij: "Hoe kan Moeder die voorbij alle gevoelens is, zo huilen?" Toen hij Amma later deze vraag stelde, antwoordde Ze: "Zoon, in die brief en in het lied die Srimon (mijn zoon Sri) had geschreven, voelde Amma zijn onschuldig verlangen erg sterk. Amma weerspiegelt eenvoudig alles en de weerspiegeling van zijn onschuld deed Haar huilen. Wanneer je huilt of lacht, doet het beeld in de spiegel hetzelfde. Zo ook wordt je in de toestand van realisatie gemakkelijk de ander, maar je bent er niet aan gehecht omdat je identificatie slechts een weerspiegeling is. Je wordt aan niets gehecht en met niets geïdentificeerd. Een echte meester beantwoordt de roep van zijn toegewijden en leerlingen. Het antwoord hangt af van de intensiteit van de roep van de leerling. Het hangt af van zijn vertrouwen en zijn liefde voor de meester.

Iedereen is een deel van het universele Bewustzijn. Dus wanneer je God aanroept vanuit het diepst van je hart, zullen de golven van die roep gereflecteerd worden in een grote ziel die één met dat Bewustzijn is. Dan komt er een antwoord. Je kunt tranen in Amma's ogen zien, maar zie ze niet verkeerd als tranen van droefheid. Ze zijn eenvoudig een antwoord op de argeloze roep vanaf de andere kant.

Sri Rama huilde toen Sita werd ontvoerd door de demon Ravana. Hij vroeg zelfs de vogels, dieren, bomen en planten of ze Zijn geliefde Sita gezien hadden. Rama's tranen reflecteerden de pijn die Sita voelde omdat Ze gescheiden was van Haar geliefde Heer. Op dezelfde manier kwamen er tranen op in de ogen van Sri Krishna toen Hij Zijn grote toegewijde Sudama ontmoette. De tranen in Krishna's ogen weerspiegelden Sudama's devotie voor Hem. Zelfs in wereldlijke liefde kunnen we zulke voorbeelden vinden, mits de liefde zuiver is. De intense gevoelens van de ene minnaar worden weerspiegeld in de ander.

De minnaar roept en de geliefde antwoordt. De leerling roept en de meester antwoordt. De toegewijde roept en God antwoordt. Maar de aard van het antwoord hangt af van de roep.

Afstand nemen van situaties

Maar het antwoord is alleen een weerspiegeling, omdat God boven alles staat. Hij is het Getuige–Bewustzijn, volledig ongeraakt en onthecht. In die hoogste staat, wanneer je gewoon getuige bent van alles wat er gebeurt, van alle ervaringen die je meemaakt, zowel de goede als de slechte, is er afstand tussen jou en iedere situatie.

Stel dat er iemand sterft, niet in jouw familie, maar in de familie van een vriend. Je gaat naar je vriend toe, je zit bij hem en je probeert hem te troosten. Je zegt tegen hem: 'Wees niet verdrietig, mijn vriend. Dit is een deel van het leven. We moeten allemaal op een dag sterven. Vergeet niet dat de ziel eeuwig is, alleen het lichaam vergaat.' Je kunt dit zeggen omdat er afstand is tussen jou en de situatie.

Maar als er iemand in je eigen familie doodgaat, zal je houding heel anders zijn. Je zult dan lijden omdat je te dicht op het probleem zit.

Een beroemde chirurg die duizenden operaties verricht heeft, zou zijn eigen vrouw of kind niet willen opereren omdat hij te veel aan hen gehecht is. Als iemand in zijn naaste familie een operatie nodig heeft, zal hij een andere chirurg de operatie laten verrichten ook al is hij nog zo'n ervaren of vooraanstaande chirurg. Op dezelfde manier is een psycholoog te veel geïdentificeerd met zijn eigen problemen om zichzelf echt te kunnen analyseren of counselen. Dus gaat hij naar een andere psycholoog voor hulp. Aan de andere kant is een jivanmukti eenvoudig getuige van alles wat er in en rondom hem gebeurt. Hij kan verschillende gevoelens uitdrukken, maar hij is er niet aan gehecht. Hij is er, helemaal aanwezig, en toch is hij er niet."

Verder dan het verste, dichterbij dan het dichtstbijzijnde

Tijdens het laatste ochtendprogramma in Seattle werd de volgende vraag gesteld door een Amerikaanse toegewijde die de Indiase geschriften bestudeerde:

"De *Upanishaden* zeggen dat de *Paramatman* (het Hoogste Wezen) ver weg is en tegelijkertijd heel dichtbij.[5] Deze uitspraak verwart me. Hoe kan iets ver weg zijn en tegelijkertijd dichtbij? Amma zou U dit uit kunnen leggen?"

Amma: "Zoon, dat wat overal is, is altijd dichtbij en tegelijkertijd ver weg. De Paramatman is overal. We worden in het Hoogste Zelf geboren, we leven erin, sterven erin en worden er opnieuw in geboren. Het is geen entiteit die ver weg is. De Paramatman is werkelijk 'dichterbij dan het dichtstbijzijnde.' De schijnbare afstand komt door onze onwetendheid. Zolang er onwetendheid is, lijkt het Zelf (Atman) ver weg, 'verder dan het verste.'[6] Als de misvatting dat wij het lichaam zijn verwijderd is, dan wordt dat wat 'verder dan het verste' is 'dichterbij dan het dichtstbijzijnde.' We realiseren ons dat we nooit van de Paramatman gescheiden geweest zijn, dat we altijd daarin hebben bestaan, het was altijd *hier*.

Stel je voor dat je op het strand staat en naar de horizon kijkt. Op een bepaald punt in de verte lijkt de horizon met de zee te versmelten. Het lijkt alsof de lucht de aarde ontmoet. Als er daar een eiland is, lijkt het misschien alsof de bomen op het eiland de lucht raken. We kunnen denken dat, als we daarheen gaan, we op het raakpunt van de aarde en de lucht komen. Maar in plaats van de horizon te bereiken, zouden we vinden dat de horizon nog verder weg lijkt. Als we naar de horizon bewegen, blijft die van ons vandaan gaan, zodat we die nooit kunnen bereiken. Toen we op het strand stonden leek de horizon het eiland en de bomen te raken, maar toen we naar het eiland gingen, trok de horizon zich terug. Waar *is* de horizon dan? Hij is precies hier waar jij

---

[5] Tat dūre tadvantike (Dat wat ver weg is, is zeer dichtbij)
 – Ishavasyopanishad, vers 5.
[6] Dorāt sudore tadihāntike cha (Verder dan het verste, dichterbij dan het dichtstbijzijnde)
 – Mundakopnishad, 3:1:7

bent. Jij en de horizon zijn op precies hetzelfde punt. Op dezelfde manier is de Paramatman niet ergens ver weg, hij is in jou. In werkelijkheid ben jij zelf de Paramatman.

Mensen zeggen vaak: 'Ik ben verdrietig.' Ze zeggen dat zij het verdriet *zijn*. Steeds wanneer ze zich verdrietig voelen, worden ze erin ondergedompeld. Zij beginnen zich met hun verdriet te identificeren totdat ze voelen dat ze het verdriet zijn.

De Paramatman, het Hoogste Bewustzijn is erg dichtbij. Maar we ervaren afstand door onze onjuiste identificatie met pijn, genot, verdriet, boosheid en andere emoties, die veroorzaakt worden door ons verkeerde begrip dat we het lichaam zijn in plaats van bewustzijn. Deze identificatie is onwetendheid. Als je die onwetendheid eenmaal transcendeert en niet langer met het lichaam geïdentificeerd bent, zul je niet ervaren dat je pijn hebt of dat je pijn bent, maar alleen dat je je bewust bent van pijn. Je wordt een getuige die eenvoudig de pijn gadeslaat of welke gewaarwording het dan ook is. Je bewustzijn blijf onthecht van wat er met het lichaam gebeurt. Wanneer deze realisatie plaatsvindt, zal de Paramatman dichterbij dan het dichtstbijzijnde zijn. Maar tot dan lijkt het verder dan het verste te zijn. Dit verklaart waarom dat wat ver weg is, ook heel dichtbij is.

Er is een verhaal over een vrouw die een intens verlangen had om te trouwen. Jarenlang had ze geprobeerd om een geschikte man te vinden, maar ze had de juiste persoon niet ontmoet. Tenslotte gaf ze het op. Ze besloot om zich te troosten door de wereld rond te trekken. Ze reisde van het ene land naar het andere, van het ene continent naar het andere. Toen ze op een dag in een hotel aan de andere kant van de wereld verbleef, ontmoette ze een geweldige man en die twee werden verliefd. Hij bleek haar volmaakte zielsvriend te zijn. Wat hen beiden verbaasde was dat zij niet alleen uit dezelfde stad kwamen, maar dat ze in feite in hetzelfde flatgebouw woonden en dat hun woningen direct naast elkaar waren. Ze waren jarenlang buren geweest zonder elkaar ook maar op te merken!

Kinderen, jullie kunnen overal naar God zoeken, maar jullie zullen Hem niet vinden omdat Hij dichter bij je is dan je je ooit voor kunt stellen. Hij lijkt ver weg alleen zolang je onwetend blijft. Verwijder je onwetendheid, schud je identificatie met het lichaam van je af en transcendeer het. Word wakker en wees bewust. Dan zul je je realiseren dat God 'dichterbij dan het dichtstbijzijnde' is."

Na het programma in Seattle vloog Amma terug naar San Francisco.

Op weg naar Mount Shasta

Ganesha

's Morgens vertrokken Amma, de brahmachari's, Gayatri en Saumya uit de Bay Area in een klein vakantiebusje dat Dennis en Bhakti Guest Amma liefdevol hadden aangeboden voor Haar reis naar Mount Shasta. Het busje was niet groot genoeg voor iedereen, maar omdat zij zo'n sterke wens hadden om bij Amma te zijn, slaagden zij erin om zich er allemaal in te persen. Onderweg stopte Amma in Miranda, een klein stadje op de weg naar Mount Shasta, waar Ze een retraiteprogramma hield in een buitenhuis dat omgeven was door roodhoutbomen en reusachtige sequoia's. Amma nam ook de uitnodiging van Ken en Judy Goldman aan, die in een stacaravan niet ver daar vandaan woonden, en bezocht hen.

De twee zoontjes van de Goldmans voelden zich erg tot Amma aangetrokken. Tijdens Haar bezoek volgden zij Haar overal. Amma leerde hen een lied te zingen. Ze herhaalden iedere regel na Amma met veel enthousiasme en zongen *Devi Devi Devi Jagan Mohini.*

> *O Godin, die de wereld betovert,*
> *Chandika,*
> *vernietiger van de demonen Chanda en Munda,*
> *O Chamundeshvari,*
> *Goddelijke Moeder,*
> *toon ons het juiste pad*
> *door de oceaan van transmigratie.*

De twee jongens vroegen Amma om met hen te spelen. Amma kon hun onschuldige verzoek niet weigeren en daarom bracht Ze wat tijd spelend met de kinderen door. Toen Amma later bij het gezin zat, vroeg Ze de jongens: "Zullen jullie even onschuldig zijn en dezelfde devotie hebben wanneer jullie groot worden?" De jongens knikten meteen ja.

Judy Goldman werd zo geraakt door Moeders aanwezigheid dat ze in tranen uitbarstte en niet kon ophouden met huilen. Ken was erg opgewonden en wilde Amma graag zijn verzamelingen Ganesha-iconen laten zien. Amma keek met veel belangstelling naar de Ganesha's. Ze stak Haar hand uit en streek liefdevol over de grote buik van een van de beelden en merkte lachend op: "Wat een hongerige man! Hij heeft het hele universum in deze buik!"

Amma wees op de ronde maag van de olifantgod en zei: "De grote maag symboliseert de niet te verzadigen honger van de echte zoeker om de Waarheid te kennen. De grote oren van Ganesha stellen *shraddha* voor, de mogelijkheid van een *sadhak* (aspirant) om te 'horen,' dat wil zeggen de subtiele spirituele principes in zich op te nemen. Een olifant kan een geweldige boom met zijn slurf ontwortelen en hij kan daarmee ook een kleine naald oppakken. Dus Ganesha's slurf betekent het vermogen van de sadhak om zowel de grove als de subtiele principes te begrijpen.

Ganesha's muis stelt verlangen voor. Net zoals één kleine muis een hele oogst kan vernielen, kan één enkel verlangen al onze deugden vernielen. Maar een gerealiseerde ziel (Ganesha) heeft volledige beheersing over zijn geest en zijn verlangens. Daarom rijdt Hij op een muis. Bij andere gelegenheden zit de muis aan de voeten van Ganesha en staart aandachtig naar het gezicht van de Heer, zonder de zoetigheid aan te raken die bij de Heer bewaard worden. Dit betekent dat een gerealiseerde ziel de Heer is over zijn eigen geest. Zijn geest beweegt zich alleen op zijn bevel."

Amma keek plotseling naar Ken en noemde hem "Ganesha." Ken accepteerde blij zijn nieuwe naam.

Op de ochtend van hun vertrek mediteerde Amma met de brahmachari's en de anderen naast het zwembad bij het buitenhuis. Om tien uur vertrok Amma naar Mount Shasta. Deze reis bleek een van de meest gedenkwaardige gebeurtenissen van de hele toer te zijn.

Vertrouwen is belangrijker dan redeneren

Onderweg dacht Nealu dat dit een goede gelegenheid was om met Amma te praten en dus stelde hij Haar een vraag:

"Amma, de spirituele wetenschap benadrukt altijd meer het belang van het functioneren vanuit het hart dan vanuit het intellect. In feite heb ik soms het gevoel dat intellectueel redeneren en kennis door sommige spirituele meesters worden afgekeurd. Waarom doen ze dat?"

Amma: "Zoon, spiritualiteit is meer een kwestie van vertrouwen dan een onderwerp voor intellectuele analyse. Echt vertrouwen ontwikkelt zich wanneer het intellect opzij wordt geschoven. Dit betekent niet dat intellectuele kennis niet van belang is. Het intellect heeft zijn taak, maar het moet niet overschat worden.

Denk niet dat spiritualiteit alleen kennis van de geschriften en intellectuele analyse is. Hier ontstaan vaak de problemen. Het is belangrijk om een evenwicht te scheppen tussen het intellect en volledig vertrouwen in de spirituele principes. Je kennis en vermogen om te redeneren kunnen bijvoorbeeld helpen anderen te overtuigen van de wetenschap van spiritualiteit. Het kan helpen om hun intellectuele dorst te verzadigen. Maar voor je eigen spirituele ontwikkeling is vertrouwen veel belangrijker dan redeneren.

In je spirituele oefeningen is vertrouwen veel nuttiger voor je dan het intellect. Om te kunnen mediteren moet je volledig vertrouwen hebben in wat je doet. Met welk soort sadhana je ook bezig bent, je moet alle twijfels, vragen en nadenken opzij schuiven en je volledig concentreren op je spirituele oefeningen. Anders kun je spiritueel niet vooruitgaan. Als je geen vertrouwen hebt, moet je proberen dat te ontwikkelen door de leiding van een Satguru te zoeken. Intellectuele kennis heeft zijn eigen functie. Wanneer je het op de juiste manier gebruikt, geeft het je een zekere mate van mentale kracht en vastberadenheid. Maar om gegrond te worden in wat je geleerd hebt, moet je rigoureuze oefeningen doen. Wanneer het op feitelijke oefeningen aankomt, heb je onvoorwaardelijk vertrouwen nodig. Het is dus een kwestie van een harmonisch evenwicht scheppen tussen vertrouwen en kennis.

Om je God te herinneren, moet je vergeten. Echt op God geconcentreerd zijn is volledig en absoluut in het huidige moment zijn en het verleden en de toekomst vergeten. Alleen dat is echt gebed. Dit soort vergeetachtigheid zal je helpen om de geest te kalmeren en zal je in staat stellen om de gelukzaligheid van meditatie te ervaren. Echte meditatie is het einde van alle ellende. Alle lijden wordt door de geest veroorzaakt en het verleden is iets van de geest. Alleen door het verleden los te laten, wat door meditatie bereikt kan worden, is het mogelijk om met het Zelf of God herenigd te worden.

In feite hebben we dit vermogen om te vergeten en te herinneren reeds. We doen het heel vaak. Wanneer een dokter bijvoorbeeld in het ziekenhuis is, vergeet hij zijn huis en zijn gezin. Als hij een goede echtgenoot en vader wil zijn, moet hij het ziekenhuis en zijn rol als dokter vergeten wanneer hij naar huis gaat naar zijn vrouw en kinderen. Op dezelfde manier als de dokter zijn rol van dokter vergeet wanneer hij thuis is, moeten wij het verleden vergeten en moeten we zelfs onszelf vergeten, als we ons God willen herinneren en ons op het object van onze meditatie willen concentreren. We weten allemaal in beperkte mate hoe we dit moeten doen, maar we hebben nog niet geleerd hoe we het gebied van het Hoogste Bewustzijn moeten aanboren. In staat zijn om één aspect van het leven los te laten en open te zijn voor een ander aspect is een kunst. Je intellectuele kant loslaten en een houding van onschuldig vertrouwen aannemen is niet moeilijk, zolang je het echt wil.

Sri Shankara[7] was een gerealiseerde meester. Hij was ook een groot geleerde met een buitengewoon intellect. Door zijn kennis en redeneren verwijderde hij veel misvattingen over spiritualiteit en bracht hij de juiste interpretaties van de geschriften aan het licht. Tegelijkertijd had hij een reusachtig vertrouwen in wat hij onderwees. Het was niet alleen om zijn intellectuele capaciteit om in de betekenis van de geschriften door te dringen dat Shankara zo algemeen bewonderd en gerespecteerd werd, maar omdat hij zelf een belichaming was van alles wat hij preekte. De realisatie 'ik ben Dat' is alleen mogelijk door absoluut vertrouwen. Zonder dat vertrouwen kun je de spirituele principes niet in de praktijk brengen. Intellectuele zekerheid is één aspect van spiritualiteit, terwijl vertrouwen een ander is. Ze zijn allebei belangrijk. Maar de toestand van Zelfrealisatie kan alleen door vertrouwen bereikt

---

[7] Sri Shankaracharya leefde in de 8e eeuw en was een groot filosoof en exponent van de Advaita-filosofie.

worden, terwijl intellectuele kennis en redeneren zonder vertrouwen je niet naar de uiteindelijke toestand kunnen brengen."

In een toestand van vervoering

Toen zij verderreden kwamen zij bij een prachtige, helderblauwe rivier langs de weg. De rivier glinsterde in de zon en vanuit de wagen konden zij het geluid van het stromende water horen. Amma staarde aandachtig door het raam van de auto naar de rivier. Plotseling ging Ze in een toestand van vervoering en riep: "Hoe... hoe... hoe...!" (een geluid dat Moeder vaak maakt wanneer Ze in een staat van extase is). Ze sprong in Haar stoel als een kind op en neer terwijl Haar handen verschillende *mudra's* vormden, de een na de ander. Toen de chauffeur Amma's goddelijke, extatische stemming zag, ging hij langzamer rijden. Binnen een paar seconden ging Amma in een diepe toestand van samadhi. Geïnspireerd door Amma's spirituele stemming zongen de brahmachari's een lied genaamd *Prapancha Mengum*, terwijl het busje langzaam langs de rivier verderreed.

> *O misleidende Verschijning*
> *die het hele universum doordringt,*
> *O schittering, wilt U niet in mijn geest dagen en daar*
> *blijven en voor altijd Uw licht laten schijnen?*
>
> *Ik zal Uw liefde en moederlijke genegenheid in mij*
> *opnemen en hoogst tevreden zijn.*
> *Wanneer ik dicht bij U kom*
> *en in Uw Goddelijke Licht opga,*
> *zal al mijn lijden verdwijnen.*
>
> *Hoeveel dagen heb ik rondgezworven*
> *op zoek naar U, de Essentie van alles?*

*O mijn Moeder, wilt U niet naar mij toe komen
en mij de gelukzaligheid van het Zelf schenken?
O wilt U niet komen?*

Toen het lied voorbij was, was Amma weer in een toestand van vervoering en in die toestand zong Ze het lied *Radhe Govinda Bhajo*. Ze lachte luid onder het zingen en Haar hele lichaam bewoog heen en weer alsof Ze in harmonie met het kosmische ritme danste. En terwijl Ze zong bleven Haar handen spontaan goddelijke mudra's vormen. Geleidelijk kwam Moeder naar het gewone bewustzijn terug. Lange tijd reden zij in stilte totdat Amma weer begon te spreken. Ze vertelde hun een verhaal.

Stilte is het antwoord

Amma heeft dit verhaal ergens gehoord. Er leefde eens een grote meester die vermaard was om zijn wijsheid en spirituele kundigheid. Hij gaf vaak prachtige, zeer inspirerende lezingen. De mensen van een bepaald dorp koesterden het verlangen om de meester te horen spreken en nodigden hem uit naar hun dorp. De meester nam hun uitnodiging aan. Toen hij kwam stonden er honderden mensen op hem te wachten. Na een geweldige ontvangst stond de meester op een podium om zijn lezing te geven. De menigte wachtte vol verlangen dat hij zou gaan spreken. Hij zei tegen hen: 'Mijn beste broers en zussen! Ik ben blij en voel me bevoorrecht dat ik hier vandaag bij jullie kan zijn. Maar laat mij jullie iets vragen. Weet iemand van jullie het onderwerp waar ik over ga praten?' Als antwoord op zijn vraag schreeuwde het hele gehoor: 'Ja, dat weten we!' De meester hield even op, keek naar de menigte, glimlachte en zei: 'Wel, als jullie er al alles over weten, dan is het niet nodig dat ik iets zeg, nietwaar?' Zonder nog iets te zeggen, stond hij op van het podium en verliet het dorp.

De dorpelingen waren erg teleurgesteld. Ze besloten om de meester opnieuw uit te nodigen en opnieuw stemde hij ermee in om te komen.

Toen die dag aangebroken was werd de meester op de traditionele manier ontvangen. Hij stond op het punt zijn lezing te geven toen hij het gehoor dezelfde vraag stelde die hij de vorige keer gesteld had. Maar nu waren de dorpelingen erop voorbereid. Dus toen hij vroeg 'Weet iemand van jullie het onderwerp waar ik vandaag over ga praten?' schreeuwden alle dorpelingen in koor: 'Nee, we weten er niets van!'

De meester wachtte even en er was een enigszins ondeugende glimlach op zijn gezicht. Hij zei: 'Beste mensen, als jullie helemaal niets over het onderwerp weten, dan zou het zinloos zijn als ik erover sprak, nietwaar?' Voordat iemand kon protesteren was de meester vertrokken. Het gehoor was overrompeld. Ze waren er zo zeker van geweest dat 'nee' het antwoord was dat de meester verwachtte. Je kunt je voorstellen hoe teleurgesteld zij zich moeten hebben gevoeld. Maar zij weigerden om het op te geven. Zij vroegen zich af: 'Als het antwoord op de vraag van de meester niet 'ja' en niet 'nee' is, wat zou het dan kunnen zijn?' Wat moesten ze zeggen om uiteindelijk van zijn wijsheid te profiteren? De dorpelingen hadden een bijeenkomst om de zaak te bespreken en zij besloten wat zij de volgende keer zouden doen wanneer de meester hun de vraag stelde. Zij waren er zeker van dat het deze keer zou werken. Zij nodigden de meester opnieuw uit. Hij kwam op de afgesproken dag. De dorpelingen waren zenuwachtig en opgewonden. De meester stond voor hen op en zoals gewoonlijk stelde hij dezelfde vraag: 'Broers en zussen, weten jullie iets over het onderwerp waar ik over wil spreken?' Zonder een ogenblik te aarzelen schreeuwde de helft van de mensen 'Ja!' en de andere helft schreeuwde 'Nee!'

De dorpelingen wachtten toen vol verwachting op het antwoord van de meester. Maar de meester zei: 'Goed, laat dan degenen onder jullie die het weten, hen die het niet weten onderwijzen.'

Dit was een onverwachte tegenslag voor iedereen. Voordat ze de tijd hadden om zich van de schok te herstellen, had de meester de plek stilletjes verlaten.

Wat moesten ze nu doen? De dorpelingen waren vastbesloten om hem te horen spreken. Ze besloten om het nog één keer te proberen. Ze hadden weer een bijeenkomst. Mensen kwamen met allerlei voorstellen, maar niets leek het juiste antwoord te zijn. Uiteindelijk stond er een oude man op die zei: 'Wat we ook antwoorden lijkt verkeerd te zijn. Dus de volgende keer dat de meester die vraag stelt, zou het dan niet het beste zijn als we volkomen stil zouden zijn en niets zeiden?' De dorpelingen waren het daarmee eens.

De volgende keer dat de meester kwam, stelde hij zoals gewoonlijk dezelfde vraag. Maar deze keer sprak er niemand. Het was zo stil dat je een speld kon horen vallen. In de diepte van die stilte begon de meester uiteindelijk te spreken en de woorden van zijn wijsheid stroomden over naar de dorpelingen."

Toen Amma het verhaal beëindigd had, dacht Brahmachari Amritatma: "Het verhaal is prachtig, maar wat betekent het? Het moet een diepere betekenis hebben. Als Amma het nou maar uitlegt...." Voordat hij met het formuleren van de vraag in gedachten klaar was, wendde Amma zich tot hem en zei: "De betekenis van het verhaal is dat we alleen in de diepte van pure stilte Gods stem kunnen horen. Toen de meester bij zijn eerste bezoek vroeg of zij wisten waar hij over ging spreken, zeiden de dorpelingen 'Ja, we weten het!' Dat is het ego. De gedachte 'ik weet het' is het ego dat spreekt. Wanneer het intellect (de zetel van het ego) vol informatie zit, kan er niets anders opgenomen worden. De geest die boordevol intellectuele kennis zit, kan zelfs geen druppel spirituele kennis opnemen. Dat is de reden dat de meester tijdens zijn eerste bezoek niet sprak.

Bij zijn tweede bezoek beantwoordden de dorpelingen dezelfde vraag met 'Nee, we weten niets!' Dat is een negatieve bewering. Een gesloten, negatieve geest kan de hoogste wijsheid ook niet ontvangen. Om zuivere kennis te ontvangen moet men helemaal open zijn en ontvankelijk als een onschuldig kind.

De derde keer zeiden ze zowel ja als nee. Dit illustreert de twijfelende, aarzelende aard van de geest. Een onstabiele, twijfelende geest is niet in staat om open te zijn voor enige echte kennis.

Toen de mensen tenslotte stil waren, sprak de meester. Alleen wanneer de geest ophoudt met al zijn interpretaties, kunnen we de innerlijke stem van God horen.

Deze vier antwoorden kunnen vergeleken worden met een beker die we met water willen vullen. Het eerste antwoord 'Ja, we weten het' is als een beker die al helemaal vol is. Er is geen ruimte meer voor nog een druppel. Het tweede antwoord 'Nee, we weten niets' is als een beker die op zijn kop gezet is. Het zou zinloos zijn te proberen om er iets in te gieten. Het derde antwoord waar de twee tegengestelde antwoorden 'ja' en 'nee' gegeven werden, kan vergeleken worden met een beker die met water gevuld is gemengd met vuil. Het water is verontreinigd en heeft zijn zuiverheid verloren. Extra water dat erin gegoten wordt, wordt ook verontreinigd. Alleen het vierde antwoord, stilte, is als een rechtopstaande, lege beker die met het water van kennis gevuld kan worden en die het vast kan houden.

Om naar de woorden van een echte meester te kunnen luisteren en die te kunnen opnemen en verteren, moeten we ons innerlijke oor ontwikkelen. De fysieke oren kunnen niet naar God luisteren. Ze werken gewoonlijk als twee ventilatoren: het geluid komt door het ene oor naar binnen en gaat er door het andere uit. We moeten een speciaal 'innerlijk' oor hebben.

Om het onderricht van de meester in je op te kunnen nemen, moeten we van binnen open zijn. We moeten een speciale 'baarmoeder' ontwikkelen om het onderwijs van de meester te bevatten. Een lawaaierige geest die vol woorden zit moet leren om stil te zijn en aandachtig te luisteren. Er moet niet slechts een deel van je luisteren, niet alleen je geest en je oren, je moet met je hele wezen luisteren.

De manier om je over te geven

Pas toen Arjuna ophield met praten op het slagveld, begon Krishna met hem te praten. In het begin had Arjuna talloze verkeerde ideeën. Hij sprak en filosofeerde eindeloos. Tenslotte was hij uitgeput en voelde zich volkomen hulpeloos. Hij gooide zijn wapens op de grond en stond stil naast Krishna. Zijn pijlen en boog symboliseren zijn ego: het intellect, het gevoel van 'ik' en 'mijn', de houding dat 'ik' kan vechten en winnen. Hij liet zijn ego los en stond stil in een toestand van uiterste wanhoop. Zijn wereldlijke kennis, zijn koninklijke afkomst, zijn kracht en zijn vaardigheden van een groot strijder konden hem nu niet helpen. Hij had geen andere keuze dan zijn totale mislukking te accepteren en nadat hij dat gedaan had vertelde hij aan Krishna zijn gevoel van hopeloosheid. Pas toen sprak de Heer, omdat Arjuna nu open genoeg was om te luisteren. Die stille rust is de toestand van overgave. Alleen in de stilte van overgave kun je echt luisteren. In die innerlijke stilte waarbij je hele wezen stil en rustig is, vindt overgave plaats. Daarom is het onmogelijk om iemand te leren zich over te geven. Het is iets wat eenvoudig gebeurt in de aanwezigheid van een Satguru. De meester leidt de leerling langzaam naar deze staat door de noodzakelijke omstandigheden te scheppen waarin dit kan gebeuren.

Toen Arjuna vroeg om naar zijn vijanden te mogen kijken die vol verlangen wachtten om met Krishna en de Pandava's[8] te vechten, plaatste Krishna, het Universele Wezen, de strijdwagen opzettelijk zo dat Arjuna Bhishma, Drona en de andere strijders van wie hij veel hield en die hij zeer respecteerde, kon zien. De Heer had langzaam verschillende situaties geschapen die naar dit slotstuk leidden: Arjuna's overgave. Dit was slechts één situatie uit een hele reeks die voor dit doel geschapen waren. Krishna wist dat wat er nu gebeurde het hele proces tot een hoogtepunt zou brengen, en dit is precies wat er gebeurde. Toen Arjuna daar voor hem op het slagveld de mensen zag met wie hij op het punt stond te vechten: zijn geliefde vrienden en verwanten en zijn leraren die hij vereerde, werd hij overmand door gehechtheid en vrees. Hij begon te spreken als iemand die erg van streek was en alles wat in zijn geest was eruit gooide, alle kennis en waarden die hij in de uiterlijke wereld verzameld had. De Heer stond hem toe om het allemaal te uiten en Arjuna was spoedig uitgeput. Hij werd zich bewust van de toestand van waanzin waarin hij zich bevond. Hij realiseerde zich dat hij geen oplossing kon vinden voor de buitengewone situatie die hij nu onder ogen moest zien. In deze toestand van volledige hopeloosheid en hulpeloosheid gaf hij zich tenslotte aan de Heer over. Maar dat gebeurde alleen nadat hij opgehouden was met praten. Van de wereld van woorden gleed hij een nieuwe wereld van innerlijke stilte binnen en hij was in staat om naar Krishna's woorden van wijsheid te luisteren met zijn hele wezen.

Iedereen hoopt dat hij in het leven zal slagen. Een succesvol iemand hoopt dat het hem goed zal blijven gaan, of zelfs beter. Er zijn mensen die de top nog niet bereikt hebben, maar ze proberen het. En er zijn mensen die gefaald hebben en toch blijven hopen dat zij zullen slagen. Maar al die mensen zijn erg gespannen. Zij

---

[8] Arjuna en zijn broers

ervaren veel druk en spanning. Of ze in het verleden nu geslaagd of mislukt zijn, zij hebben veel hoop voor de toekomst en ze dromen er altijd over. In het geval van zulke mensen zal overgave niet gemakkelijk zijn, want ze zijn sterk geneigd om door te gaan met vechten. Aan de andere kant heeft iemand die zich in dezelfde mentale toestand als Arjuna bevindt, geen andere keuze dan zich over te geven. Zo iemand voelt zich uitermate verslagen. In deze toestand is er geen sprake meer van hoop of hopeloosheid, verleden of toekomst. Je geeft je gewoon over.

Alleen een Satguru kan je naar deze toestand leiden. Alleen in zijn aanwezigheid kan dit gebeuren. Zet zoals Arjuna al je logica, interpretaties en verklaringen opzij, omdat het je niet zal helpen in de kritieke fase wanneer je je realiseert dat je gefaald hebt. Die mislukking is de mislukking van het ego, de mislukking van je intellect. Accepteer je mislukking en laat je naar een toestand van innerlijke stilte gaan. Dan kun je je in die stilte gemakkelijk overgeven.

Pas wanneer je geprobeerd hebt en gefaald hebt, kun je je echt overgeven. Hoewel je steeds weer faalt, blijf je proberen totdat er uiteindelijk een punt komt dat je je mislukking accepteert. Je ervaart en begrijpt je onvermogen om verder te gaan volledig. Op dit punt geef je je over. Blijf dus proberen. Dat uiteindelijke gevoel van mislukking moet iedereen krijgen, het kan vandaag zijn of het kan morgen zijn.

Alle inspanning komt van het ego. Omdat het ego beperkt is, zijn de mogelijkheden ervan ook beperkt. Totale nederlaag en mislukking zullen daarom beslist vroeg of laat plaatsvinden. Wanneer dat gebeurt wordt je geest stil en geef je je over. Je hele wezen richt zich op God. Het zijn je inspanningen die je naar de toestand van volledige mislukking leiden, wat je op zijn beurt helpt je over te geven.

Helaas hebben we een sterke neiging om voor alles een verklaring te vinden. We accepteren nooit onze mislukkingen en we vinden de een of andere reden om alles wat we doen te rechtvaardigen. Amma heeft een verhaal gehoord.

Een man ging een restaurant binnen en bestelde een maaltijd. Hij had zo'n honger dat zodra het eten voor hem op tafel werd gezet, hij gulzig begon te eten waarbij hij beide handen gebruikte. De kelner was verbijsterd over zijn vreemde gedrag en vroeg: 'Wat doet U? Waarom eet U zo met twee handen?' De man antwoordde: 'Omdat ik geen drie handen heb!'"

Amma ging verder: "De meeste mensen zijn zo. Ze zijn niet eerlijk genoeg om de waarheid te vertellen of om hun mislukkingen toe te geven. Wat er ook gebeurt, ze proberen altijd om hun handelingen te rechtvaardigen."

Amma hield op met praten en zat door het raam naar buiten te kijken. Het was een lange rit geweest. Ze waren om tien uur 's morgens uit Miranda vertrokken en nu was het vijf uur. Ze naderden Mount Shasta. Een tijd lang zat Amma naar de lucht te staren. Toen kwam de berg in zicht. Amma bleef geconcentreerd naar een bepaald vast punt kijken in de lucht of op de berg, niemand kon het zeggen.

Mount Shasta

Toen ze eindelijk om zes uur aankwamen, kreeg Amma een warm welkom van een groep plaatselijke toegewijden. Twee uur later reed men met Amma naar de stad waar Ze een avondprogramma van bhajans en darshan zou geven. Veel mensen waren vanaf San Francisco meegereisd om bij Amma te zijn. Bij de zaal wachtte er een grote groep op Haar. Die was gelegen bij de bron van de geweldige Sacramento rivier. Het is een bron van kristalhelder, ijskoud water dat uit de grond omhoog komt en de gesmolten sneeuw van de bergen naar beneden brengt.

Na de bhajans gaf Amma darshan aan Haar kinderen. Tegen de tijd dat iedereen bij Amma was geweest, was het drie uur 's nachts. Ondanks de lange reis en zoveel uren darshan geven zag Amma er nog even fris uit als een pas ontloken bloem.

De manier van leven bij Mount Shasta was simpel. Er waren alleen kleine, landelijke huisjes zonder elektriciteit. Maar het was er rustig en vredig. De mensen in dit gebied hielden ervan om weg te zijn van al het lawaai en de drukte van het stadsleven. Ze gaven er de voorkeur aan om in de natuur te zijn, ook al hadden zij relatief weinig materieel comfort.

De ochtenddarshan werd op een heuvel in de open lucht gehouden met op de achtergrond de heilige berg, die zich majestueus boven het tafereel aftekende. Hij was stil getuige van de schoonheid en de gratie van de Universele Moeder die zijn uitlopers met Haar aanwezigheid zegende. De mensen zaten rondom Amma in de kille morgenlucht die doordrongen was van de kracht van Amma's aanwezigheid. De dag begon met meditatie en toen gaf Amma darshan. De dag met Amma in dit prachtige landschap doorbrengen was voor iedereen een onvergetelijke ervaring.

Een paar maanden eerder hadden de plaatselijke toegewijden een kleine tempel voor Amma gebouwd. Zij gaven nu de wens te kennen dat Amma de darshan de volgende dag in de tempel zou houden. Toen Amma daarmee instemde, brachten de opgewonden toegewijden de hele middag door met het schoonmaken en verbreden van het terrein voor het kleine gebouw zodat er meer mensen in konden zitten.

Toen Amma de volgende ochtend de tempel in liep, klapten de mensen in hun handen en zongen *Amma Amma Taye*. De vreugde die zij ervoeren was duidelijk op hun gezicht te zien.

O Moeder, liefste Goddelijke Moeder,
Godin van het Universum
die alle wezens voedt,
U bent de Hoogste Oerkracht.

Alles in deze wereld vindt plaats
door Uw Goddelijke spel.
Bescherm mij, O Moeder.
Zonder in de baarmoeder te ontvangen
hebt U aan miljoenen en miljoenen wezens
het leven geschonken.

O Zuster van Heer Vishnu
die de vogel Garuda berijdt,
O Schoonheid,
vanaf het moment van mijn geboorte
heb ik Uw lofzang gezongen.
U bent de Volmaakte, de Eerste Oorzaak,
de Vernietigster.

Moeder, U bent het doel van mijn leven.
Godin van de wereld, negeer mij niet!
U bent de Godin Lalita,
de Heerseres over de wereld.
Moeder, als U mij telkens opnieuw
in moeilijkheden brengt,
wie is er dan verder nog om mij te beschermen?

O Moeder met het betoverende oog,
U bent de alomtegenwoordige Getuige van alles.
O Moeder, liefste Goddelijke Moeder...

Na het gebruikelijke ceremoniële wassen van Amma's heilige voeten, dat gevolgd werd door *arati* en meditatie, begon Amma de mensen te roepen om voor darshan te komen. Een klein meisje baande zich een weg door de menigte en kwam naar Amma toe. Ze gaf Amma een tekening. Het was een poging tot een portret van Amma. Onder de tekening had ze in een grote, kinderlijke krabbel geschreven: "Ik hou van je, Amma." Moeder keek erg aangedaan. Ze pakte de tekening, bracht hem naar Haar gezicht en raakte hem met Haar voorhoofd aan als teken van liefde en eerbied. Amma liefkoosde het kleine meisje en nam haar in Haar armen. Amma hield haar dicht tegen zich aan en wiegde haar met veel affectie heen en weer.

Toen Amma haar tenslotte neer wilde zetten, weigerde het meisje om los te laten. Ze sloeg haar armen om Amma's middel en zei luid: "Nee, ik wil in Amma's schoot blijven!" Deze onschuldige uiting veroorzaakte veel gelach. Iemand riep: "Ja, dat is wat we allemaal willen!" Opnieuw lachte iedereen. Amma barstte ook in lachen uit, terwijl het meisje zich in Amma's schoot nestelde met haar ogen dicht. Uiteindelijk kwam haar moeder en zij slaagde erin om haar over te halen mee te gaan.

Alleen de Atman bestaat

Een toegewijde vroeg Moeder: "Amma, ik heb gezien dat U Uw voorhoofd aanraakt wanneer U een offergave of een brief van Uw toegewijden ontvangt, alsof U ervoor buigt. U deed dit zojuist toen dat kleine meisje U haar tekening gaf. Wat is de betekenis hiervan?"

Moeder: "Kinderen, Amma ziet God in alles. Voor Amma is er alleen God, de Paramatman. Alleen de Atman bestaat. Amma ziet alles als een deel van het geheel, als een uitbreiding van Haar eigen Zelf. Als we eenmaal alles als een deel van onszelf ervaren, hoe is het dan mogelijk om iets te negeren? Hoe kunnen we een levend wezen of zelfs een dood object als onbelangrijk beschouwen? In die toestand is er geen besef van verschil: alles is doordrongen van bewustzijn.

Alleen als we onszelf als een gescheiden entiteit zien, kunnen we anderen negeren of hen als onbelangrijk zien, omdat we dan geïdentificeerd zijn met het ego: met onze kwaadheid, haat, jaloezie, ons oordeel en alle andere negatieve eigenschappen. Maar wanneer we één zijn met het Zelf, hechten we geen belang aan bekrompen gevoelens. Aan het ego wordt geen enkel belang gehecht. We blijven voortdurend in het Zelf, het centrum van het bestaan. Omdat we ons ware Zelf vergeten zijn en omdat het ego in de weg staat, ervaren we een gevoel van anders zijn. Op dit ogenblik zijn we ons alleen bewust van ons kleine zelf, we zijn op onszelf gericht. We moeten boven ons egoïsme uitgroeien en op ons echte Zelf gericht worden, op Brahman, het Absolute Bewustzijn.

Iemand die arm is zal ernaar streven om rijk te worden, een zwaarlijvig iemand zal proberen om gewicht te verliezen en iemand die ziek is zal al het mogelijke doen om genezing te vinden. Er is dus geen sprake van dat mensen zich niet bewust zijn van hun beperkte zelf. Mensen zijn zich erg bewust van hun lichaam en hun fysieke bestaan. Dat is het probleem niet. Het probleem is dat ze tegelijkertijd niets afweten van het goddelijke, innerlijke Zelf. Als je je eenmaal bewust wordt van het grenzeloze Zelf, houd je op je te identificeren met het kleine, beperkte zelf.

Mensen zijn vergeten wie zij zijn, dat ze het middelpunt van alles zijn, het middelpunt van de hele schepping. In plaats daarvan identificeren zij zich met iets wat zij niet zijn.

Jij bent het middelpunt van de hele show

"Amma zal jullie een verhaal vertellen. Er was een geweldig feest aan de gang. Het was een fantastische fuif, alles was perfect en alle gasten genoten en waren gelukkig. Rond middernacht sloop er een gekke indringer het huis binnen en deed met het feest mee. Hij ging naar de gastheer toe en zei: 'Wat een saai feest! Wat een verstikkende atmosfeer!' Hij ging maar door over wat een afschuwelijk feest het was op zo'n overtuigende manier dat de gastheer uiteindelijk overtuigd raakte. Hij vergat hoe hij zelf tot nu toe genoten had en werd ervan overtuigd dat het werkelijk een verschrikkelijk feest was. Hij vergat zelfs dat hij zelf de gastheer was! Dus zei hij tegen de indringer: 'Je hebt volkomen gelijk. Het is vreselijk! Laten we ergens anders heen gaan.' 'Ja,' zei de indringer, '*ik* zal een fantastisch feest organiseren, het zal mijn feest zijn en jij zult mijn gast zijn.' De indringer begon hem allerlei prachtige, verleidelijke dingen te beloven. Zij verlieten samen het feest en gingen naar het huis van de indringer. Het was een afgrijselijke plaats: lelijk, vies en levenloos en er was niemand anders. Maar de idiote binnendringer, die zijn eigen illusies van grootsheid geloofde, bleef proberen om zijn gast te overtuigen dat het sombere huis een prachtige villa was en dat ze ieder moment zouden beginnen zich te amuseren. 'De pret zal spoedig beginnen,' zei hij alsmaar. Maar er gebeurde niets. In het begin geloofde de man hem, maar toen kwam hij plotseling weer tot bezinning. 'Wacht eens even!' riep hij uit. 'Wat is er?' zei de indringer die bezorgd keek. 'Nee maar,' riep de man uit. 'Wat doe ik hier op deze verschrikkelijke plaats? Ik ben vergeten dat ik de gastheer ben van dat andere prachtige feest. Dat is mijn thuis! Ik ben vergeten hoe ik me daar amuseerde.' Hij negeerde het protest van de indringer, liep de deur uit en haastte zich terug naar zijn eigen huis. Al zijn vrienden waren er nog en vermaakten zich uitstekend. Ze hadden zelfs niet opgemerkt dat hij weg was. Hij glimlachte naar hen en deed weer blij met het feest mee.

De hele mensheid verkeert in een dergelijke positie. De mensen zijn vergeten wie zij zijn. We zouden in ons eigen prachtige huis moeten leven waar we thuis horen en van de schitterende viering van het leven en de schepping genieten. Net als de gastheer in het verhaal zijn we in feite het middelpunt van dit alles, maar we weten het niet. Er is iets vreselijk misgegaan. Het ego is binnengeslopen en heeft ons in een toestand van volledige vergetelheid gelokt, een toestand van onbewustheid. We zijn vergeten dat we de gastheer van een schitterend feest zijn. In plaats daarvan zijn we, alsof we aan het slaapwandelen zijn, met het ego, de 'gekke indringer', meegegaan naar zijn niet bestaande feest.

Het ego is een buitenstaander. Maar wij, de gastheer, het echte middelpunt van het prachtige 'feest,' om wie het hele spel van de schepping plaatsvindt, zijn de waarheid over ons echte Zelf vergeten. We hebben ons per vergissing aan het ego, de bedrieger, gehecht en ons geïdentificeerd met het ego en zijn verdraaide denkbeelden.

We moeten uit onze verdoving wakker worden en ons herinneren dat wij de 'gastheer' zijn, het echte middelpunt van de schepping. Dan zullen ook wij uitroepen: 'O nee, wat doe ik hier? Ik ben vergeten dat ik de gastheer van dat feest ben! Dat is mijn thuis! Ik ben helemaal vergeten hoe goed ik me daar amuseerde!' Dan zul je geen moment meer verspillen. Je zult naar je echte huis terugrennen en in je gelukzalige, vreugdevolle Zelf blijven.

Vanaf je echte verblijfplaats in het Zelf ben je getuige van alles. Alles draait om het Zelf. Alles is dolle pret. Terwijl je voor altijd in het Zelf blijft, geniet je van het hele spel.

Anderen zijn ook een deel van het spel, maar voor hen is het een spel van het ego. Omdat zij onwetend zijn, spelen zij het spel in de hechte greep van hun ego. In plaats van eenvoudig getuige te zijn van het spel, raken ze erin verstrikt en identificeren ze zich ermee. De ontwaakte ziel daarentegen identificeert zich nooit met het spel, hoewel hij ervan geniet om eraan deel te nemen. Voor hem is het een spel van het oneindige Bewustzijn. Terwijl alle anderen het spel in een toestand van vergetelheid spelen, alsof ze slaapwandelen, is degene die gecentreerd is in de Atman altijd volledig wakker en bewust.

In dat oneindige spel van bewustzijn waar God het middelpunt is, is niets onbelangrijk. Alles is doordrongen van Goddelijkheid. Ieder grassprietje en ieder zandkorreltje zit vol Goddelijke Energie. Iemand die ontwaakt is heeft daarom een houding van diepe eerbied en nederigheid tegenover alles in de schepping, omdat je niets bent als je eenmaal voorbij het ego gaat, je bent oneindige leegheid vol Goddelijk Bewustzijn. Wanneer je de houding hebt om voortdurend te buigen met een gevoel van nederigheid tegenover het hele bestaan, stroomt dat bestaan jou binnen. Je ervaart dat alles een deel van je is. Niets is gescheiden.

Kijk eens hoe goed je voor je zelf zorgt. Je wil goed voedsel eten, in een prachtig huis wonen, in een comfortabel bed slapen, in een mooie auto rijden en je wil niet dat iemand je op enige manier pijn doet of beledigt. Je wil altijd gelukkig zijn. Dit is omdat je meer van jezelf houdt en voor jezelf zorgt dan voor wat dan ook. Stel je nu eens voor wat er zal gebeuren wanneer je één wordt met alles en iedereen. Je bemint, eert en zorgt voor iedereen en alles in dezelfde mate, maar met oneindig grotere diepte en kracht dan je ooit van jezelf gehouden hebt."

Amma begon een lied te zingen genaamd *Devi Jaganmata*.

Gegroet Godin, Moeder van de wereld,
Godin van de Opperste Energie!

O Eeuwige Maagd, die boete doet op de stranden
van de blauwe zee bij Kanyakumari,
kom en verleen mij een gunst!

O Moeder, wier ware aard Licht is
en wier verfijnde vorm bestaat uit wijsheid, waarheid,

energie en geluk zaligheid!
Om! Gegroet Moeder van het Universum!

Een extra darshan bij Mount Shasta

Er stond voor de volgende dag geen darshan op het programma. Amma zou 's morgens naar San Francisco vertrekken, vanwaar Ze de volgende morgen naar New Mexico zou vliegen. Maar Amma besloot om de dag niet te verspillen en kondigde aan dat Ze nog een keer darshan zou geven bij Mount Shasta. Iedereen was dolblij. Ze waren verdrietig geweest omdat Amma vertrok.

De toegewijden maakten de kleine tempel nog een keer klaar voor Amma's darshan.

Amma kwam om tien uur 's ochtends. Het was een regenachtige dag dus iedereen wrong zich naar binnen in de tempel. Het duurde niet lang voordat het gebouwtje helemaal vol was.

Hoewel Devi Bhava de vorige nacht erg lang geduurd had, zag Amma er zoals gewoonlijk fris en stralend uit. Ze bracht de hele dag bij de mensen door. Amritatma die naast Haar zat, was verbaasd te zien hoeveel Amma van zichzelf gaf, waarbij Ze iedereen overvloedig met Haar liefde bedeelde. Haar hele wezen was aanwezig in wat Ze deed. Door ieder woord, blik, aanraking en glimlach van Haar liet Zij zich in de mensen stromen. Niets werd half gedaan. Alles wat Ze ieder moment deed was volledig en perfect.

De mensen waren gefixeerd op iedere beweging, woord en blik van Amma en op iedere glimlach op Haar gezicht. Niemand kon het opbrengen om weg te gaan.

De hele dag door brachten ouders ook hun kinderen naar Amma. De kinderen waren duidelijk dol op Amma en hun gezicht straalde van vreugde toen Zij van hen hield, met hen speelde en grappen met hen maakte.

Aan iedereen die naar Haar toe kwam gaf Amma veel tijd en aandacht. Sommige mensen stelden vragen om hun spirituele twijfels op te lossen, anderen vroegen Haar om hun gezin te zegenen of om hun te helpen met hun carrière, terwijl weer anderen hoopten dat Amma hun ziekte kon genezen. Veel mensen barstten in Amma's schoot in tranen uit.

Zoals gewoonlijk werden er tijdens de hele darshan bhajans gezongen. Soms zong Amma een heel lied terwijl er een toegewijde in Haar schoot rustte. Af en toe ging Ze in een toestand van diepe extase. De tempel was vol van een buitengewoon gevoel van vreugde en vrede. Op een gegeven moment zong Moeder *Mano Buddhya*.

Ik ben niet de geest, het intellect,
het ego of het geheugen.
Ik ben niet de smaak van de tong
of de zintuigen van horen, ruiken en zien.
Ik ben niet aarde, vuur, water, lucht of ether.
Ik ben Zuiver Gelukzaligheidsbewustzijn.
Ik ben Shiva, ik ben Shiva.

Ik ben niet juiste of verkeerde handelingen,
noch ben ik plezier of pijn.
Ik ben niet de mantra of heilige plaatsen,
de Veda's of het offer.
Ik ben niet de handeling van het eten,
de eter of het voedsel.
Ik ben Zuiver Gelukzaligheidsbewustzijn.
Ik ben Shiva, ik ben Shiva.

Ik heb geen geboorte of dood,
noch heb ik enige vrees.
Ik ken geen onderscheid naar kaste.

Ik heb geen vader of moeder,
vrienden of kameraden.
Ik heb geen guru, ik heb geen leerling.
Ik ben Zuiver Gelukzaligheidsbewustzijn.
Ik ben Shiva, ik ben Shiva.

Ik heb geen vorm of bewegingen van de geest.
Ik ben het allesdoordringende.
Ik besta overal,
maar toch ben ik voorbij de zintuigen.
Ik ben niet de verlossing,
of iets dat gekend kan worden.
Ik ben Zuiver Gelukzaligheidsbewustzijn.
Ik ben Shiva, ik ben Shiva.

Een toegewijde kwam naar Amma toe en vroeg om een mantra. Amma gaf hem een mantra en toen sprak Ze op zijn verzoek over mantra's.

De mantra

Amma: "Kinderen, wanneer Amma jullie een mantra geeft, zaait Ze een zaadje van spiritualiteit in jullie. Ze brengt een deel van Haarzelf naar jullie hart over. Maar jullie moeten ermee werken. Jullie moeten dat zaadje voeden door te mediteren, te bidden en je mantra regelmatig, zonder mankeren, te herhalen. Jullie moeten je er helemaal voor inzetten.

De natuurlijke manier om yoghurt te krijgen is door een lepel yoghurt aan warme melk toe te voegen. Nadat je de cultuur erbij gedaan hebt, laat je het een bepaalde tijd staan en zo wordt alle melk omgezet in yoghurt. Op dezelfde manier heeft Amma een deel van Haarzelf in jullie overgebracht. Nu moet je 'de melk laten staan.' Je moet een toestand van innerlijke stilte bereiken door voortdurend je mantra te herhalen en andere spirituele oefeningen te doen. Je hele wezen zal zo getransformeerd worden en je zult dan je goddelijke aard realiseren."

Een jongeman viel in de rede: "Amma, lang geleden onderwierp een spiritueel meester een mogelijke leerling aan strenge tests voordat hij hem een mantra gaf. Amma, U doet dat niet. Waarom geeft U ons mantra's zonder eerst onze bekwaamheid te testen?"

Amma glimlachte en antwoordde: "Gewoon omdat Amma van jullie houdt! Hoe kan een Moeder haar kinderen niet willen helpen? Hoe onbekwaam haar kinderen ook mogen zijn, een moeder kan alleen meedogend tegenover hen zijn. Kinderen, jullie zijn van Amma en Amma wil dat al Haar kinderen het uiteindelijke doel bereiken. Daarom geeft Ze jullie een mantra. Jullie hoeven de reden niet te analyseren. Gebruik de mantra gewoon door hem constant te herhalen en dat zal je naar de toestand van realisatie leiden.

De vitale kracht van een perfecte meester is gesublimeerd en is helemaal zuiver. Er is geen lust in zo iemand. Hij of zij is als een enorme transformator die een onbeperkte hoeveelheid kracht aan anderen door kan geven. Door mantra-initiatie neem je iets van de spirituele kracht van de meester in je op. Door sadhana te doen kun je die zuivere 'Essentie' zelf worden. Met andere woorden je wordt als de meester of je wordt één met de meester.

De mantra die een Satguru geeft zal je naar de toestand van de hoogste zwaan brengen, de *Paramahamsa*."[9]

---

[9] De hoogste staat wordt symbolisch voorgesteld door een zwaan. Men zegt dat de zwaan melk van een mengsel van water en melk kan scheiden. Dit stelt de hoogste staat voor waar men onderscheid kan maken tussen de Atman en de anatman, het eeuwige Zelf en het altijd veranderende lichaam en de uiterlijke wereld.

Toen Amritatma vertaalde, sprak hij het woord 'zwaan' verkeerd uit en het klonk alsof hij 'zwijn' zei. Iedereen vroeg zich af wat Amma hiermee zou kunnen bedoelen. Toen Amritatma de verwarring op hun gezicht zag, herhaalde hij het woord verscheidene malen. De mensen zeiden: "Zwijn? Wat bedoelt U met zwijn?" Iemand zei: "U bedoelt geen varken, nietwaar?" Amritatma zei: "Nee, nee!" Uiteindelijk kreeg iemand het door en zei: "O, U bedoelt zwaan!" Toen het misverstand voor Amma vertaald werd, lachte Ze zo hard dat Haar hele lichaam schudde.

Tegen deze tijd wist bijna iedereen in de zaal dat hij een mantra wilde en Amma was bereid om hun wens te vervullen. Toen iedereen naar Haar toe was gegaan en een mantra ontvangen had, ging Amma door met spreken over het onderwerp.

"Om te beginnen moet je de mantra zachtjes herhalen, terwijl je je lippen beweegt. Dan herhaal je hem in gedachten. Dan herhaal je de mantra met iedere inademing en uitademing totdat hij spontaan en continu wordt. Je zult uiteindelijk een toestand van meditatie bereiken waarin de geest stil wordt en *japa* (herhaling van de mantra) vanzelf ophoudt."

Vraag: "Maar Amma, hoe kunnen we voldoende tijd vinden om de mantra te herhalen temidden van ons drukke leven?"

Amma: "Kinderen, als jullie de vastberadenheid hebben en er serieus naar verlangen, zullen jullie op de een of andere manier meer dan genoeg tijd vinden. Wees gewoon geduldig. Amma zal jullie een verhaal vertellen.

Er was eens een heel drukke zakenman die een hoop spanning en zorgen in zijn leven ervoer. Geen enkele methode die hij gebruikte om zijn geest te kalmeren leek te werken. Op een dag zag hij een heilige onder een boom zitten en hij besloot om hem te benaderen voor advies.

Hij boog nederig voor de meester en zei: 'O eerbiedwaardige, mijn geest zit veel spanning. Ik ervaar geen innerlijke rust. Vertel mij alstublieft wat ik kan doen om geluk te vinden.'

De wijze antwoordde: 'Probeer iedere morgen en avond wat spirituele oefeningen te doen.'

'Maar waar vind ik de tijd voor zoiets?' riep de zakenman uit. Toen hij dat zei, haalde hij een sleutelbos uit zijn zak en zwaaide daarmee voor de meester. 'Kijk eens hoeveel sleutels ik heb! zei hij. Iedere sleutel stelt een grote hoeveelheid verantwoordelijkheden voor waar ik voor moet zorgen! Stel dus alstublieft een veel gemakkelijker pad voor.'

De meester antwoordde: 'Okay dan, ik zal je in een mantra initiëren. Probeer die iedere dag een paar keer te herhalen. Dat is alles.'

'Maar ik heb niet voldoende vrije tijd om zelfs dat te doen! Is er geen gemakkelijkere methode?'

'Hoe ver is het van je bed naar je badkamer?' vroeg de *mahatma*.

Verbaasd over de vreemde vraag antwoordde de zakenman: 'Ongeveer vijftien meter.'

'In dat geval ben ik er zeker van dat je geen ander werk te doen hebt wanneer je de korte afstand naar je badkamer aflegt. Probeer dus de mantra ten minste die paar seconden iedere morgen te herhalen.' En toen de mahatma dit gezegd had, gaf hij hem een mantra.

Toen de man de volgende morgen wakker werd, vergat hij niet om zijn mantra te herhalen op weg naar de badkamer. Toen hij zijn tanden aan het poetsen was, dacht hij: 'Ik kan de mantra nu ook een paar keer herhalen.' Hetzelfde gebeurde toen hij een bad nam, toen hij zijn kleren aantrok en toen hij naar zijn werk reed. In feite realiseerde hij zich vele keren op een dag dat hij tijd had om zijn mantra op zijn minst een paar keer te herhalen. En naarmate de dagen verstreken, kon hij steeds meer tijd vinden om zijn mantra te herhalen totdat het zijn gewoonte werd om hem te herhalen waar hij ook was en wat hij ook deed. Dit had een diepgaand effect op hem. Door zijn mantra te herhalen werd hij een ander mens. Hij vond de innerlijke rust die hij nodig had en zijn zaak ging er ook erg op vooruit.

Sommige mensen willen de betekenis van de mantra's weten. Maar wanneer je in een vliegtuig reist, is het niet nodig om te weten van wat voor soort metaal het vliegtuig gemaakt is, hoe de instrumenten werken of wie de piloot is. Deze details hoef je niet te weten. Het enige belangrijke is dat je je bestemming bereikt. Door de mantra eenvoudig te herhalen zul je je doel bereiken.

Het uiteindelijke doel van het leven is Zelfrealisatie. Door dit te weten moeten we de vergankelijke aard van de wereld proberen te begrijpen. En dan moeten we met sterk vertrouwen, vastberadenheid en volledige concentratie onze mantra herhalen op ieder mogelijk moment.

Jullie proberen om de oceaan van transmigratie, de cyclus van geboorte en dood over te steken. De mantra is de roeispaan van de boot. Het is het instrument dat je gebruikt om de *samsara* van je rusteloze geest met zijn eindeloze gedachtegolven over te steken.

De mantra kan ook vergeleken worden met een ladder die je opklimt om de hoogten van Godsrealisatie te bereiken.

De mantra kan altijd en overal herhaald worden. Jullie moeten hem altijd herhalen, zelfs wanneer je op het toilet zit. Als jullie de mantra voortdurend herhalen, terwijl je de Godheid die de mantra voorstelt visualiseert, zullen jullie zelf geleidelijk de eigenschappen van die godheid overnemen."

Vraag: "Amma, is het in orde om Uw vorm te visualiseren?"

Amma: "Dat kun je doen als je het wil. Amma zou gelukkig zijn als er honderden mensen als Haar zouden worden, omdat Amma dan veel meer mensen in de wereld zou kunnen dienen."

"Al je gedachten gaan door mij"

Het was nu laat in de middag. Brahmachari Amritatma was uitgeput en begon zich onrustig te voelen. Hij was de hele dag zonder een ogenblik te rusten bezig geweest met het vertalen van Amma's antwoorden op alle vragen die Haar gesteld werden en hij was ook bezig met het geven van instructies aan hen die een mantra ontvangen hadden. Maar Amma vertoonde geen teken van vermoeidheid. Ze glimlachte blij en straalde Haar onuitputtelijke liefde en energie uit. Amritatma wilde Haar zeggen: "Amma, het is genoeg geweest! Het is vier uur. Waarom kunt U niet ophouden?" Toen hij dit dacht, keerde Amma zich naar hem en zei: "Hoe kan Amma ophouden wanneer Haar kinderen om hulp schreeuwen? Zoon, je moet je overgeven en het accepteren, want zo vind je echte vreugde."

Amma staarde een ogenblik naar Amritatma en zei: "Zoon, ieder gedachte van mijn kinderen gaat door mij heen."

Om vijf uur 's middags hield Amma eindelijk op met darshan geven en stond op. Maar voordat Ze vertrok, bleef Ze nog een paar minuten in de tempel en kletste met iedereen. Zij stroomden over van dankbaarheid jegens Amma voor Haar mededogen.

Uiteindelijk vertrok Amma om kwart over vijf. Toen Ze naar het busje liep, zong Ze Shiva, Shiva, Hara, Hara.

> *U die voorspoed brengt,*
> *Vernietiger van het onechte,*
> *die gekleed gaat in wolken,*
> *die wonderschoon bent*
> *en de damaru-trommel bespeelt.*
>
> *Die de drietand in Zijn hand houdt*
> *en onbevreesdheid en gunsten verleent,*

*die lokken van samengeklit haar heeft
en ledematen bedekt met as.*

*Die getooid is met een krans van cobra's
en een halsketting van menselijke schedels,
die de wassende maan op Zijn voorhoofd draagt,
en wiens ogen vol mededogen zijn.*

*U die voorspoed brengt,
O vernietiger, Grote God*

Toen Amma in het busje stapte, dromde iedereen daarom samen omdat men een laatste glimp van Amma wilde opvangen voordat Ze vertrok. Toen de bus wegreed, regende het nog steeds, wat het de hele dag gedaan had. Niet een grijze, sombere regen, maar een vrolijke regenbui die op de grond danste. Het was alsof de natuur de atmosfeer van vreugde en feest rondom Amma reflecteerde en speels het uitstromen van Haar genade nabootste met een continue stroom van stralende regendruppels.

Santa Fe

Op 4 juni kwam Amma in New Mexico aan, waar Ze bijna twee weken door zou brengen met het geven van darshan in Santa Fe en het dichtbijgelegen Taos. In Santa Fe verbleef Amma bij Steve en Cathi Schmidt die op het platteland leefden net buiten de stad.

Amma ontving de mensen in de woonkamer van de Schmidts. Hoewel de groep klein was, bracht Amma vele uren door met het geven van darshan.

Hoe moeten we de wonden uit het verleden helen?

Er kwam een jongeman naar Amma. Hij stelde de volgende vraag: "Amma, veel westerlingen zijn gewond en gedesillusioneerd door enkele gurus die naar het westen gekomen zijn. In naam van spiritualiteit en het belang van overgave hebben zij de mannen en vrouwen uitgebuit die hen oprecht voor leiding benaderd hebben. Zij hebben hen financieel uitgebuit, seksueel en emotioneel. Velen hebben hun vertrouwen in gurus en spiritualiteit door deze gebeurtenissen verloren. Amma, hoe kunnen deze mensen het verlies van hun vertrouwen te boven komen en hun vrees en achterdocht? Hoe kunnen zij ooit weer vertrouwen in een guru krijgen?"

Amma: "Alleen in de aanwezigheid van een *Satguru* (gerealiseerde meester) kunnen de diepe wonden in het hart, die door een onechte guru veroorzaakt zijn, genezen. Je kunt bij een zogenaamde guru geweest zijn die je in vele opzichten pijn gedaan heeft, maar je moet je vertrouwen nooit verliezen of de hoop opgeven. Amma kan je verzekeren dat de tijd en energie die je aan je sadhana hebt besteed, niet verspild zijn. De kracht die je verworven hebt door je spirituele oefeningen is er nog omdat, in tegenstelling tot materiële winst, wat je door je sadhana verkregen hebt niet verloren kan gaan.

Wanneer de gekwetste gevoelens die diep in je verborgen zijn, zich naar buiten manifesteren, worden ze uitgedrukt als kwaadheid, haat, angst en schuld. Als je innerlijke wonden niet genezen, zullen die negatieve neigingen zich ophopen en erger worden.

Helaas zijn er veel oprechte zoekers die diep gewond zijn door zogenaamde gurus. Amma begrijpt hoe moeilijk het moet zijn voor een zoeker die gewond en misleid is, om iemand te vertrouwen. Maar volledig wantrouwen is geen oplossing. Dat maakt je alleen maar veel te negatief, wat de oorzaak wordt van meer vrees en angst. Als de gewonde zoeker toevallig een Satguru, een echt gerealiseerd iemand, tegenkomt, kun alleen al de aanwezigheid, aanraking, blik en woorden van de Satguru de innerlijke wonden genezen, hoe diep ze ook zijn.

Kinderen, velen van jullie hebben diepe innerlijke wonden. Er is zoveel pijn. Die wonden en die pijn geven anderen de macht om jullie steeds opnieuw pijn te doen. Woorden kunnen jullie niet genezen, noch intellectuele kennis, maar de onvoorwaardelijke liefde en het mededogen dat je ervaart in de aanwezigheid van een volmaakte meester kunnen jullie wonden helen. Jullie zullen dan de noodzakelijke kracht krijgen om te voorkomen dat iemand jullie opnieuw pijn doet. Jullie zullen niet langer kwetsbaar zijn door psychologische wonden en daarom heeft niemand of geen enkele situatie de macht om jullie kwaad te doen.

Maar voordat jullie door iedere situatie onaangedaan kunnen blijven, moeten jullie werken aan het verwijderen van de bestaande pijn en gekwetste gevoelens. Maar jullie kunnen dat niet alleen doen. Jullie zijn bij wijze van spreken een zieke patiënt en jullie weten niet genoeg over je ziekte of de behandeling ervan. Jullie hebben een bekwaam genezer nodig die diep in je geest door kan dringen, die duidelijk je problemen kan zien en ze kan verwijderen. Iemand met alleen gewone ogen kan jullie niet helpen. Alleen iemand bij wie het innerlijk oog geopend is, kan jullie genezen en die persoon is de Satguru.

Als jullie vinden dat je niemand meer kan vertrouwen vanwege je ervaringen uit het verleden met een onechte guru, wie verliest er dan? Niet de echte meester die bereid is om je te helpen. Voor hem maakt het geen verschil of je je aan hem overgeeft of niet. Omdat de Satguru helemaal volledig is, heeft hij niets te winnen of te verliezen door wat dan ook. Hij heeft de lof of verering van niemand nodig. Hij heeft geen verlangen naar faam, noch heeft hij leerlingen nodig. De meester is de rijkste onder alle wezens, het hele universum is in hem vervat. Hij is de meester van het universum. Alleen al zijn aanwezigheid schept een voortdurende golf van omstandigheden in het leven van de leerling die tot de transformatie van de leerling leidt. Er komt geen kracht bij te pas, noch maakt de meester enige aanspraak op iets. Als je hem vertrouwt, zul je daar veel voordeel bij hebben. Als je hem niet vertrouwt, zul je eenvoudig blijven zoals je bent.

Stel dat je toevallig langs een tuin vol ontzettend mooie bloemen loopt. Als je ernaar kijkt, vang je een vleugje van hun schoonheid en geur op. Maar in plaats van stil te staan om van de tuin te genieten, negeer je die en loop je door. Wie is dan de verliezer? De bloemen hebben niets te winnen of te verliezen. Jij bent degene die verliest wat een kostbare ervaring had kunnen zijn. Of jij je erom bekommert om van hen te genieten of niet, de bloemen gaan door met het manifesteren van hun schoonheid. Zij geven zichzelf eenvoudig aan de wereld, zonder de minste wens om geprezen of vereerd te worden.

Vertrouwen kan niet helemaal verloren gaan

Je vraagt hoe je het vertrouwen van hen die hun vertrouwen verloren hebben door de bittere ervaringen met andere gurus, weer tot leven kunt brengen. Kinderen, jullie vertrouwen kan niet helemaal verloren gaan. Het vertrouwen in iets of in iemand kan verloren gaan, maar je vertrouwen als zodanig kan niet verloren gaan.

De meeste mensen besluiten door te gaan met hun leven zelfs na zulke bittere ervaringen. Ze kunnen hun vertrouwen in spiritualiteit en alle spirituele zaken verloren hebben, maar ze hebben het vertrouwen in het leven zelf niet verloren. Per slot van rekening kan men zien dat zij een normaal leven leiden. Ze werken en velen van hen brengen kinderen groot. Dus geloven zij nog in veel dingen.

Heel weinig mensen geloven dat spiritualiteit een belangrijk deel van het leven is. Nog minder beschouwen het als een manier van leven, de essentie van het leven zelf. De traumatische ervaringen die je in je vraag noemt, zouden voor iedereen een vreselijke slag zijn. Maar er zijn zoekers die de geestelijke kracht, de moed en het spirituele begrip hebben om hun aanvankelijke schok en teleurstelling te boven te komen. Zij realiseren zich dat de zogenaamde guru geen echte meester is en dat ze een betreurenswaardige fout gemaakt hebben door hem te vertrouwen. Na zo'n uiterst pijnlijke ervaring zal de spirituele zoeker het spirituele inzicht hebben om te zien wat er werkelijk gebeurd is. Hij zal de onechte guru onmiddellijk verlaten en naar een perfecte meester zoeken die hem naar het doel van Godsrealisatie kan leiden.

Zo'n zoeker zal zeker een echte meester vinden, of het zou beter zijn om te zeggen dat de meester hem zal vinden. De meester zal in zijn leven verschijnen zonder dat hij rond hoeft te zwerven om naar een leraar te zoeken. Dit gebeurt door de oprechtheid van de leerling en zijn intens verlangen. Het moet gebeuren.

Voor de oprechte zoeker is spiritualiteit niet een ondergeschikt aspect van het leven. Het is evenzeer een deel van hem als zijn eigen adem. Zijn vertrouwen is onwankelbaar. Niets kan zijn vertrouwen in de mogelijkheid om God te ervaren kapotmaken of zijn vertrouwen in de grote meesters die in die staat gevestigd zijn.

Zelfs in het geval van mensen die bedrogen zijn door een onechte guru en die reageren door zich van het spirituele pad af te wenden, is het vertrouwen niet totaal vernield. Hun verlangen om God te kennen en om bij een echte meester te zijn bestaat nog steeds diep in hen. Het kan een tijd verborgen blijven, maar het zal zeker weer aan de oppervlakte komen wanneer de tijd daarvoor rijp is. Soms gebeurt dit wanneer ze over een grote Satguru horen of een foto van hem zien, of als ze toevallig een gerealiseerde Ziel ontmoeten. Zij moeten ergens de gelukzaligheid van God geproefd hebben, hetzij in dit leven hetzij in een vorig leven, en de herinnering aan die ervaring blijft hen bij en is bereid om zich uit te drukken wanneer het daarvoor de tijd is.

Als je niet langer in de spirituele meesters gelooft, komt dat doordat je niet gelooft dat spiritualiteit echt nodig is, dat het een onmisbaar deel van het leven is. Je kunt denken dat je zonder kan leven, en natuurlijk kun je dat in zekere mate, maar je leven zal geen echte aantrekkelijkheid, rijkdom, vreugde of betekenis hebben.

Veronderstel dat je een groot verlies leidt in je zaak. Zou je dan de hoop opgeven en de rest van je leven werkeloos blijven? Nee, je zou op de een of andere manier proberen om het verlies te compenseren door effectievere methoden in je bedrijf te gebruiken. Je voelt je in het begin misschien teleurgesteld maar dan krabbel je overeind en begin je opnieuw. Je moet wel want het is een kwestie van overleven, een heel reële behoefte. Dus krijg je weer vertrouwen en hervat je je werk. Je vraagt je misschien af waarom mensen niet dezelfde houding tegenover spiritualiteit en de spirituele meesters hebben. Als ze een teleurstelling ondergaan op het spirituele pad, waarom voelen ze dan niet de drang om hun streven voort te zetten? Het antwoord is dat zij niet echt geloven dat spiritualiteit een existentieel probleem is. Het algemene gevoel is dat als we het vertrouwen in de spirituele principes verliezen, we zonder die principes kunnen leven, omdat dat geen echte uitdaging voor ons leven vormt.

Misschien heb je eenmaal in spiritualiteit geloofd en iemand vertrouwd van wie je geloofde dat het een echte meester was. Helaas verloor je je vertrouwen door nare ervaringen en dat deel van je leven werd klaarblijkelijk voor altijd gesloten. Maar het is niet gestorven. Een klein deel ervan blijft in leven. Vroeg of laat komt uit dat 'groene', levende gebied de uitloper van spiritualiteit weer op. Maar alleen als je een Satguru ontmoet kan dit gebeuren. De Satguru zal je vertrouwen weer tot leven brengen en de wonden en pijn van je ervaringen uit het verleden genezen.

Kinderen, als jullie vertrouwen in God en spiritualiteit aanvankelijk oprecht en onschuldig was, zal het uiteindelijk terugkomen, wat je ook meegemaakt hebt.

Amma kent veel mensen die met onechte gurus bittere ervaringen gehad hebben die de grondslag van hun vertrouwen schokten, en toch hebben zij hun vertrouwen teruggekregen en zijn weer geïnspireerd om door te gaan met hun sadhana. Amma weet dat er vandaag veel van zulke mensen hier aanwezig zijn. Kinderen, vertrouwen in God of in een Satguru is de enige manier om jullie echt gelukkig en tevreden te maken, om van je leven een feestelijke viering te maken.

Als je erover nadenkt, dan is het een vorm van vooroordeel om te geloven dat alle spirituele meesters onecht zijn vanwege de slechte ervaringen die jullie misschien bij één bepaalde persoon gehad hebben. Stel dat je naar een bibliotheek gaat. Als je naar binnen gaat en een boek van de plank pakt, is het toevallig een derderangs roman. Je reageert door de bibliotheek uit te lopen en in jezelf te zeggen: 'O nee, alle boeken in deze bibliotheek zijn waardeloos!' Er kunnen daar veel goede boeken zijn, maar je overhaaste oordeel verhindert dat je die ontdekt en ervan geniet.

Of stel dat je een winkel bij een winkelcentrum binnengaat. Je wil wat melk kopen maar je bent per vergissing helaas een drankwinkel binnengegaan. Je gaat onmiddellijk terug naar je auto, rijdt weg en zegt tegen jezelf: 'Afschuwelijk, alle winkels in dit gebied zijn drankwinkels!' Zou dat niet dwaas zijn? Wees niet te snel met oordelen of tot conclusies komen. Wees rustig en geduldig. Gebruik je onderscheidingsvermogen en wees open. Anders zul je zeker veel goede kansen in het leven missen, vele kostbare ervaringen."

Een Satguru is voorbij alle vasana's

Na een korte meditatieve stilte werd er een andere vraag geteld: "Amma, hoe kan een spirituele meester, die boven alle *vasana's* (verlangens en neigingen) hoort te staan, seksuele verlangens hebben?"

Amma: "Een echte spirituele meester is voorbij de geest en het ego. In zo'n meester is alle seksuele energie omgezet in pure *ojas* (vitale energie), die hij voor het hoogste goed van de wereld gebruikt. Een Satguru is iemand die uit het sekscentrum gegaan is, dat het laagste centrum van het bestaan is, naar Sat Chit Ananda dat het hoogste centrum van het bestaan is.

Alle verlangens bestaan in de geest. Als de geest eenmaal is opgelost, kan er geen sprake van verlangen meer zijn. In die toestand blijft er geen spoor van verlangens over. De zogenaamde gurus die hun leerlingen uitbuiten, seksueel op of een andere manier, of die proberen hun ideeën aan mensen op te leggen, zijn geen echte meesters, helemaal niet. Zij zijn nog sterk geïdentificeerd met hun geest en hun verlangens. Een echte meester zal zijn leerlingen helpen om hun vasana's te overwinnen. Zijn intentie is om hen onthecht te maken van de grip van de vergankelijke genoegens en objecten van de wereld. De meester leert de leerling die tot nu toe voor zijn geluk afhankelijk is geweest van uiterlijke voorwerpen, om onafhankelijk te worden door geluk en tevredenheid in zijn eigen Zelf te vinden. Maar om de leerling van gebondenheid naar vrijheid te kunnen leiden, moet de meester zelf volledig vrij van vasana's zijn. Hij moet vrij zijn van iedere identificatie met de geest en zijn verlangens. Hoe kan hij zijn leerlingen op een hoger niveau brengen als hij zelf nog een slaaf is van de geest met al zijn grillen en kuren?

Een Satguru leeft in de wereld met de onbaatzuchtige intentie om anderen uit de duisternis te leiden. Door zijn woorden en daden stelt hij voortdurend een voorbeeld dat zijn leerlingen en toegewijden kunnen volgen. Hij is een levende getuigenis van alle heilige geschriften van de wereld. Zo'n meester is de belichaming van alle goddelijke eigenschappen zoals liefde, zuiverheid, zelfopoffering, geduld en vergeving. De grote meesters uit het verleden hebben ons duidelijke aanwijzingen gegeven over wat voor iemand een echte meester is en wat zijn eigenschappen zijn. Het is dus niet nodig om verward of misleid te zijn."

Spirituele kracht die je eenmaal gewonnen hebt, kan niet verloren gaan

Vraag: "Amma, U hebt gezegd dat de spirituele kracht die we door spirituele oefeningen verkrijgen, niet verloren kan gaan, dat die altijd bij ons zal blijven. Maar hoe zit het met een sadhak die van de weg afdwaalt? Als hij bijvoorbeeld plotseling ophoudt celibatair te leven, of als hij van woede ontploft, verliest hij zijn verzamelde energie dan niet?"

Amma: "Kinderen, wanneer zoiets gebeurt, denk dan niet dat je alle spirituele kracht verliest die je door hard werk verkregen hebt. Het is eerder zo dat je een nieuwe, zware hindernis creëert die je tegenhoudt om spiritueel vooruit te gaan. Het laat ook je bestaande vasana's toenemen.

Het doel van sadhana is om de bestaande vasana's te verminderen, en niet om er iets aan toe te voegen. Wanneer je boos wordt, verwoest dat niet de kracht die je door je sadhana verzameld hebt, maar het verergert je negatieve neigingen. Door meer negativiteit te creëren verleng je de reis naar Zelfrealisatie omdat er nu extra inspanning nodig is.

Kinderen, het is niet nodig om je vertrouwen te verliezen of je teleurgesteld te voelen. De spirituele energie die jullie door je sadhana verkregen hebben, blijft bij je. Noch jullie inspanning noch het resultaat van jullie activiteit kan tenietgedaan worden. Als je slechts één seconde sadhana gedaan hebt, zal die verdienste er altijd zijn, en nu hoef je alleen de rest nog maar te doen. Geef de hoop dus nooit op. Verlies je vertrouwen of je enthousiasme niet.

In het wereldse leven kunnen dingen op twee manieren misgaan: er kan volledige ondergang zijn of de dingen kunnen in de tegenovergestelde richting gaan van wat je verwachtte. In het eerste voorbeeld: stel dat je een akker met rijst verbouwd hebt. Je hebt hard gewerkt en al het noodzakelijke gedaan om een goede oogst te krijgen. De planten groeien goed en je verwacht een overvloedige oogst. Maar de nacht voor de oogst is er een verschrikkelijke storm en de hele oogst wordt vernield. In dit geval moet je het proces van zaaien en bebouwen helemaal opnieuw beginnen.

In het tweede voorbeeld heb je je zoon ingeschreven bij een hogeschool. Je verwacht dat hij hard studeert, dat hij hoge cijfers haalt en met eer slaagt. Maar al je verwachtingen komen niet uit, wanneer hij in slecht gezelschap verzeild raakt. Hij neemt zelfs niet de moeite om voor zijn examens op te komen en wordt uiteindelijk van school gestuurd. Uiteindelijk maakt hij zijn leven kapot. Dus de dingen kunnen heel anders lopen dan je verwacht. Maar dit is niet het geval met spiritualiteit. Als je slechts één minuut sadhana gedaan hebt, zal de kracht die je daardoor gekregen hebt, bij je blijven. Het kan nooit vernietigd worden. Die minuut zal diep in je worden opgeslagen en kan nooit verloren gaan of verdwijnen, zelfs niet na meerdere levens. In tegenstelling tot de moeite die je doet om wereldse of materiële doelen te bereiken, kan spirituele sadhana nooit tevergeefs gedaan worden. Je activiteiten zullen beslist vrucht dragen.

Als je maar één seconde aan God denkt of je sadhana doet, kan dat nooit verloren gaan. De verdienste die je krijgt, zal bij je blijven en zal onvermijdelijk te voorschijn komen, als een niet ontkiemd zaadje dat nog vers en vol leven is. Als je God slechts één ogenblik met echt vertrouwen en overgave hebt geroepen, moet dat beloond worden. De ogenblikken dat je aan God gedacht hebt blijven in je bestaan en zullen zich op het juiste moment manifesteren.

Kinderen, blijf in de bus, totdat je je bestemming bereikt hebt. Je ziet misschien een prachtig, verleidelijk landschap langs de weg. Geniet ervan als je wil, maar doe dat zonder uit de bus te stappen. Hou altijd je doel voor ogen. Als je het doel eenmaal bereikt hebt, kun je uit de bus stappen omdat dan het middel (vertrouwen of religie) waarmee je gereisd hebt, niet meer nodig is. Je bent daaraan voorbij gegaan. Als je in het transcendente verblijft, kun je teruggaan als je dat wil en in de wereld blijven om anderen te verheffen. Van de andere kant hoef je helemaal niet terug te komen, je kunt eenvoudig oplossen in het oneindige."

Taos

In Taos verbleef Amma bij een vrouw die een zwarte Labrador en twee papegaaien had. Amma genoot van het spelen met de hond. Net als alle schepsels voelde de hond zich sterk tot Amma aangetrokken en hij ging naar Haar toe zodra hij Haar zag. Amma wierp dan een stok door de tuin en de hond ging er meteen vandoor en bracht hem terug. Hij kwispelde uitbundig met zijn staart als hij de stok terug naar Amma bracht om beloond te worden met Amma's blije lach en een liefdevolle aai.

De twee papegaaien leefden buiten in een kooi bij de ingang van het huis. Steeds als Amma terugkwam van darshan, stopte Ze bij de kooi en praatte met de vogels terwijl Ze hun een handvol nootjes voerde. Amma keek vol medelijden naar de papegaaien en zei: "Ik weet hoe pijnlijk het voor jullie moet zijn om in deze kooi te zitten. Hoe jullie ernaar verlangen om vrij te zijn en door de lucht te vliegen waar jullie thuis horen."

Amma kon er niet tegen om te zien dat vogels in een kooi gehouden werden. Op een keer toen Amma Haar ashram in Réunion bezocht liet Swami Premananda, die een bewoner van Réunion was en verantwoordelijk was voor de ashram daar, aan Amma trots een kleine volière vol liefdesvogels zien die iemand gedoneerd had. Maar in plaats van blij te zijn met de gift was Amma diepbedroefd toen Ze de diertjes, die van de ene kant naar de andere vlogen, opgesloten in de volière zag. Ze vertelde Swami Premananda dat niemand in Amma's ashrams ooit vogels in kooien mocht hebben. Ze zei: "Kijk, mijn zoon, een sannyasi hoort veel medegevoel te hebben voor alle schepsels. Hij moet niet alleen de pijn en het verdriet van mensen voelen, maar ook van dieren, vogels, planten en alles in de schepping. Deze vogeltjes lijden. Zij behoren in hun eigen wereld. Wij hebben hun hun vrijheid ontnomen die voor hen zo kostbaar is."

Swami Premananda zag zijn fout in, verontschuldigde zich tegenover Amma en een paar dagen later gaf hij de vogels weg.

Boulder

Hou je met het heden bezig, niet met het verleden

Er kwam een man naar Amma toe die de volgende vraag stelde: "Amma, kunt U mij iets over mijn vorige leven vertellen?"

Amma tikte liefdevol op zijn rug en zei: "Het heden moet opgelost worden, niet het verleden. Wat er nu gebeurt is veel belangrijker dan wat er vroeger gebeurd is. Alleen door voor het huidige moment te zorgen zullen al je vragen en problemen ophouden. Het is zinloos om terug te kijken en te proberen om achter je vorige levens te komen. Dat is niet belangrijk. Alles in je huidige leven is het resultaat van het verleden. Pak het heden aan, maak het beste van ieder moment en alles zal in orde komen.

Je draagt reeds een zware last. Je moet je van een vreselijk lading ontdoen. Door dingen over je vorige levens te weten te komen, zul je alleen meer toevoegen aan je bestaande last. Amma zou je kunnen vertellen wie je was, maar Ze zal het niet doen omdat dat alleen schadelijk voor je zou zijn. Het zou geen enkele zin hebben. Amma zou nooit iets doen of zeggen dat Haar kinderen zou kunnen schaden. Haar doel is om jullie te helpen te groeien en je te openen, niet om je te sluiten.

Stel dat Amma je over je vroegere leven zou vertellen, wie je was, wat je deed, enzovoorts. Stel dat je zou ontdekken dat sommige mensen die nu bij je zijn, of iemand die je nu heel dierbaar is, jou in een vorig leven kwaad gedaan hebben? Het zou onnodige beroering in je geest geven.

Iemand kan erachter komen dat hun man of vrouw hen in het verleden diep gekwetst heeft of ze hebben iemand gehaat op wie ze nu verzot zijn. Waarom zou je je zulke dingen willen herinneren? Het zou alleen afbrekend werken.

Hoewel Amma alles over je vorige levens weet, geeft Ze er de voorkeur aan het niet bekend te maken. Je bent naar Amma gekomen om de wonden uit het verleden te laten helen en niet om nieuwe wonden te maken. Het enige doel van een Satguru is om je uit het moeras van het verleden te halen en niet om je daarin te laten terugkeren. Je verleden is de oorzaak van je lijden. De meester zal erop toezien dat je niet opnieuw hoeft te lijden. Hij wil je voorbij al het lijden brengen.

Amma kent een vrouw die door een paranormaal begaafd persoon verteld werd dat ze in een vorig leven de oorzaak van de dood van haar man geweest was. De helderziende vertelde haar dat ze haar man per ongeluk het verkeerde medicijn gegeven had wat hem plotseling gedood had. Nadat haar dit verteld was, leed ze vreselijk en had uiteindelijk een zenuwinstorting. Dus als het verleden dit met ons kan doen, waarom willen we het dan weten? Natuurlijk zijn er in het verleden ook veel gelukkige dingen gebeurd, maar de mensen hebben meer de neiging om over de pijnlijke en deprimerende gebeurtenissen te piekeren dan over de plezierige.

Als een mens getransformeerd wil worden en alle onvolmaaktheden en beperkingen wil overschrijden, dan moet het verleden sterven. Iedereen heeft de mogelijkheid om dit te doen, mits hij echt vastberaden is. Vergeet wie je was of wat je in het verleden gedaan hebt. Concentreer je op wat je graag wil zijn en laat dan de toekomst ook los terwijl je alles doet wat nodig is om het doel te bereiken. Wie of wat je tot nu toe geweest bent is van weinig belang. Het verleden kan vergeleken worden met een kerkhof, en het zou niet wijs zijn om op zo'n plaats te leven, nietwaar? Vergeet je verleden. Denk er alleen aan wanneer je dat echt moet doen, maar ga er niet wonen.

Het verhaal van Valmiki, de eerste dichter die het grote epos de *Srimad Ramayana* schreef, is een prachtig voorbeeld van hoe het mogelijk is om het verleden volledig los te laten, hoe negatief je activiteiten ook geweest zijn.

Ratnakaran was een rover. Hij onderhield zijn vrouw en kinderen door reizigers te beroven die door het bos trokken waar hij leefde. Hij was een wrede man, die nooit over God, moraal of ethiek nadacht.

Op een dag trokken de zeven *rishi's* (grote heiligen) door het bos. Zoals gewoonlijk sprong Ratnakaran vlak voor de reizigers te voorschijn en zwaaide met zijn mes. Hij dreigde hen te doden als ze hun bezittingen niet afgaven. De rishi's die de onvergankelijke Atman gerealiseerd hadden en altijd in de Hoogste Waarheid gevestigd waren, werden niet van streek gebracht door de bedreigingen van de rover en bleven volkomen kalm. Ze zeiden tegen hem: 'Wij zijn niet bang voor de dood. We zullen je alles geven wat we hebben, maar voordat we alles weggeven, zouden we graag willen dat je één enkele vraag beantwoordt.' Ratnakaran stemde met hun verzoek in. De heiligen vroegen hem om hun te vertellen voor wie hij al deze verschrikkelijke dingen deed. 'Voor mijn vrouw en kinderen,' antwoordde hij. De heiligen vroegen hem: 'Zijn je vrouw en kinderen ook bereid om een deel van je zonden op zich te nemen?' Ratnakaran was hierdoor onthutst. Hij wilde het zijn vrouw en kinderen gaan vragen. De rishi's beloofden hem dat ze niet van die plek weg zouden gaan totdat hij terugkwam. Snel rende de rover naar huis en vroeg zijn vrouw of zij bereid was om de gevolgen te delen van de slechte daden die hij beging om in haar levensbehoeften te voorzien. Zij antwoordde: 'Nee! Alleen jij zult onder de gevolgen van je handelingen moeten lijden.' Ratnakaran wendde zich tot zijn kinderen in de hoop dat zij tenminste welwillend tegenover hem zouden staan. Maar zij weigerden allemaal om een deel van zijn zonden op zich te nemen. Ratnakaran was diep geschokt. Hij rende terug naar de rishi's die geduldig op hem wachtten. Hij viel aan hun voeten en vroeg om vergiffenis. Hij gaf zich helemaal aan hen over. Met veel compassie gaven ze hem advies, initieerden hem met een mantra en adviseerden hem om *tapas* (boete) te doen totdat hij God gerealiseerd had. Ratnakaran ging daar onmiddellijk in het bos zitten en volkomen stilzittend als een rots verdiepte hij zich in meditatie. Jarenlang bleef hij daar en deed strenge ascese, totdat op een dag de rishi's weer voorbijkwamen. Zij herinnerden zich hun ontmoeting met Ratnakaran. Zij voelden een prachtige sereniteit in de atmosfeer. Zij vonden hem in diepe meditatie, volledig bedekt door een termietennest. Hij had intense tapas gedaan en had de hoogste staat van realisatie bereikt.

Nadat ze hem uit zijn toestand van absorptie gehaald hadden, instrueerden de rishi's hem om de wereld in te gaan en die door zijn aanwezigheid, woorden en daden te heiligen. Omdat hij in een termietennest zat, wat in het Sanskriet *valmika* is, noemden de rishi's hem Valmiki.

Dit verhaal laat ons zien dat het mogelijk is om het verleden los te laten, om het achter te laten en verder te gaan naar een geheel nieuw bewustzijnsgebied. Het verleden behoort aan de geest toe. Het behoort toe aan de wereld van gedachten en activiteit. Vanaf het mentale niveau is het mogelijk om omhoog te gaan naar het hoogste niveau, het niveau van de Waarheid, mits je de nodige vastberadenheid en onthechting hebt. Van de wereld van gedachten bereik je een toestand van geen gedachten en van activiteit ga je naar vrijheid van activiteit. Je transcendeert naar een toestand van geen geest. Uit mededogen kun je dan kiezen om in de wereld te blijven wonen en daardoor alle schepsels te zegenen en van nut te zijn.

Die ene negatieve reactie van zijn vrouw en kinderen was genoeg om het leven van Ratnakaran de rover te transformeren. Maar bovenal was het de genade en de zegen van de rishi's die hem hielpen om de fout en de futiliteit van het leven dat hij geleid had, te beseffen en die hem naar een ander, hoger niveau van begrip leidden. Door hun genade werd de perfecte situatie geschapen die hem in staat stelde om zich over te geven.

In dat korte tijdsbestek onderging zijn hele kijk op het leven een transformatie. Hij kwam tot het inzicht hoe zinloos menselijke relaties kunnen zijn en zag de oppervlakkigheid van wereldse zogenaamde liefde in. Hoewel het vanzelfsprekend onjuist is om als rover te leven, had hij niettemin dag en nacht hard gewerkt en zijn leven voor zijn gezin geriskeerd. Toen hij hoorde dat ze hem zo genadeloos verwierpen en alleen aan zichzelf dachten zonder de minste sympathie voor hem, had hij een plotselinge openbaring en opende zich een andere wereld voor hem. Toen dit gebeurde kon hij zijn grote last van angst, zorgen en gehechtheden eenvoudig opzijzetten. Tot dan toe had hij geloofd dat zijn gezin van hem hield, dat ze hem onder alle omstandigheden zouden steunen. Nu hoorde hij hen plotseling 'nee' zeggen, dat ze hem de rug zouden toekeren wanneer het erop aankwam. Dat 'nee' was een soort schokbehandeling die een nieuwe poort van bewustzijn opende, waardoor hij het leven plotseling van een heel andere kant bekeek. Zijn nieuwe inzicht hielp hem om zich aan God over te geven, om zijn geest en zijn verleden gewoon los te laten en vrede te ervaren. Zijn vreselijke verleden verdween en er werd een nieuwe man geboren. De wrede, beperkte man was dood en er werd een nieuwe, sterk meedogende ziel geboren.

Iedereen kan zo getransformeerd worden. De weg van spiritualiteit is niet slechts voor een paar uitverkorenen. Die is voor iedereen. Maar genade en de bereidheid zich over te geven zij de belangrijkste factoren en wanneer deze twee factoren gecombineerd worden, vindt er een transformatie plaats: zowel het verleden als de toekomst verdwijnen en je bent volledig aanwezig in je hart, gevestigd in het zelf."

Amma zong het lied: *Krishna Krishna Radha Krishna.*

> *Krishna Krishna Radha Krishna*
> *Govinda Gopala Venu Krishna*
> *Mohana Krishna Madhusudana Krishna*
> *Mana Mohana Krishna Madhusudana Krishna*
> *Murare Krishna Mukunda Krishna*

Taos

Hoe herkennen we een echte meester?

Amma gaf darshan in de ronde koepel van de Lama Foundation in de bergen boven Taos. Terwijl Ze iemand in Haar armen hield, zong Ze vol gelukzaligheid *He Giridhara Gopala.* Iedereen deed met groot gevoel mee en antwoordde op iedere regel die Amma zong.

O Giridhara, Beschermer van de koeienherders,
Geliefde van Lakshmi,
Vernietiger van de demon Mura,
O Lieverd, die de geest betovert.

O Zoon van Nanda met een prachtige verschijning,
die zich vermaakt in Vrindavan,
die de fluit bespeelt,
O Beschermer van de wijzen.

O Giridhara, die het Kaustubha juweel draagt
en een halssnoer van parels,
die in Radha's hart speelt,
die de toegewijden verheft,
O Baby Krishna.

O Beschermer van de koeienjongens,
Speelkameraad van de gopi's,
die de Govardhana-heuvel optilt,
O Zoon van Nanda, Boterdief.

Iemand begon met Amma te praten over hoe misleid de mensen in de wereld tegenwoordig zijn. Amma luisterde geduldig naar hem en zei toen: "Ja, zoon, je hebt gelijk. In onze moderne samenleving zijn de mensen bijna blind. Omdat ze alles alleen van een uiterlijk standpunt bekijken, hebben ze geen heldere kijk meer. Hun manier om alles te zien en te evalueren is erg oppervlakkig. Ze nemen de dingen niet waar zoals ze echt zijn. We leven in een samenleving die zo onbewust is dat hij half slaapt.

Amma heeft een verhaal gehoord. Op een dag liep een man een cadeauwinkel binnen. Hij zocht naar een uniek cadeau dat hij voor iemand wilde kopen. Toen hij in de winkel rondneusde was hij verrast om een menselijke schedel in een glazen vitrine te zien. Hij was nog meer verbaasd toen hij zag dat de prijs van de schedel 25.000 dollar was. Hij kon het niet geloven toen hij een andere schedel in een glazen vitrine ernaast zag met een prijskaartje van 50.000 dollar. Heel nieuwsgierig vroeg hij de winkelier waarom de schedels zo duur waren. De winkelier zei: "Meneer, de grote schedel is de schedel van de eerste vorst van ons land. Omdat het zo'n uniek en kostbaar artikel is, kunt u zeker begrijpen waarom de prijs zo hoog is.'

'Ja, dat begrijp ik,' zei de klant. 'Maar zou U mij alstublieft kunnen vertellen waarom de kleine twee keer zo duur is?' Onverstoorbaar antwoordde de verkoper: 'O, de kleine! Wel die is ook van de eerste vorst. Het was zijn schedel toen hij jong was.'

De man zei: 'O, echt waar? Prachtig! Dan neem ik die!'"

Toen het lachen bedaard was, werd er een andere vraag gesteld:

"Amma, wat is een echte spirituele meester en hoe herkent men zo'n meester?"

Amma: "Een zoeker moet een zeker intellectueel begrip van spiritualiteit hebben om een echte meester te kunnen herkennen. Natuurlijk is een van de criteria de spontane liefde en aantrekking die men voor de meester voelt. Een Satguru is onweerstaanbaar. Mensen worden naar hem toegetrokken als ijzervijlsel naar een sterke magneet. De relatie tussen een echte meester en leerling is onvergelijkbaar. Er is niets wat erop lijkt. Het heeft een blijvende uitwerking op de leerling. In die relatie kan de leerling nooit schade oplopen.

Maar wanneer je je aangetrokken voelt tot iemand van wie je gelooft dat het een echte meester is, dan is het heel belangrijk dat je je onderscheidingsvermogen gebruikt. Je voelt je misschien spontaan tot die persoon aangetrokken, maar omdat je nog niet in de toestand van echte wijsheid gevestigd bent, kun je je gevoelens niet per se vertrouwen. Je bent misschien eenvoudig gebiologeerd door de kracht van die persoon en gelooft dat hij je wensen en behoeften kan vervullen. Zolang je intuïtie niet een echt, integraal deel van je aard is, kun je je gevoelens niet altijd vertrouwen.

Denk eens aan de vele pijnlijke psychologische klappen die je in je leven gekregen hebt. Uiteindelijk wordt je een grote wandelende wond. Waarom? Door je verkeerde oordeel. Je hebt je onderscheidingsvermogen niet gebruikt. Er is hier zeker een aspect van karma bij betrokken, maar denk eraan dat, hoe krachtig je verleden ook mag zijn, het veel belangrijker is hoe je met het huidige moment omgaat, omdat dat je toekomst bepaalt.

Als iemand opschept dat hij een guru is zonder dat hij in Godsbewustzijn gevestigd is, zal hij door zijn gedachten en activiteiten mensen alleen maar pijn doen. Hij praat, loopt en ziet er misschien uit als een gerealiseerde meester, maar kijk of hij van alles in de schepping evenveel en onvoorwaardelijk houdt en echt meedogend is. Zo niet, let dan op, want dan is hij ongetwijfeld nog geïdentificeerd met het ego. Enkel om leerlingen aan te trekken kan hij zijn ego verbergen en onschuldig handelen. Maar als hij je eenmaal gevangen heeft, zal hij beginnen je uit te buiten en je pijn te doen en daardoor diepe wonden in je veroorzaken.

Wind je niet op als je iemand ontmoet die beweert een gerealiseerde meester te zijn, want mensen die hierop aanspraak maken, kunnen gevaarlijk zijn. Op de eerste plaats verliest men zichzelf in de oceaan van Sat Chit Ananda wanneer men de staat van hoogste realisatie bereikt. Je verliest je beperkte, individuele zelf en er is niemand om iets te beweren of te verklaren. Je gaat eenvoudig op in de oneindige oceaan van gelukzaligheid en in plaats van erover te praten geef je er de voorkeur aan om stil te zijn. Maar een gerealiseerde ziel spreekt soms uit liefde en mededogen met de mensen. Maar hij zal nooit verkondigen: 'Ik ben gerealiseerd! Ik zal je naar God brengen op voorwaarde dat je je aan mij overgeeft.'

Een authentieke meester zal vooral niets doen om de aandacht van iemand te trekken, maar de mensen zullen niettemin door hem aangetrokken worden. Zijn liefde, mededogen en kalmte stromen spontaan uit hem net zoals regen uit een wolk stroomt of water voortvloeit in een stromende rivier. Zij die dorst hebben zullen door het water aangetrokken worden.

Als je oprecht en toegewijd bent en voldoende verlangen hebt, zul je de volmaakte meester vinden en zal hij je wonden helen. Je oprechte verlangen om God te realiseren zal je naar een Satguru leiden of, beter gezegd, de Satguru zal in je leven verschijnen.

Maar wees voorzichtig wanneer je met het spirituele leven begint. Er zijn daar mensen die goed zijn in het gebruik van bloemrijke, overtuigende woorden en die niet aarzelen om allerlei aanspraken te maken. Onderzoek zo iemand en kijk of hij goddelijke liefde en rust uitstraalt.

Dit betekent niet dat je niet naar spirituele lezingen door geleerden moet luisteren. Het is prima om dat te doen, maar vergeet nooit om behoedzaam en alert te zijn. Sla je geest en emoties gade. Laat je niet misleiden door valse aanspraken en beloften. Daarom zegt Amma dat je een basisbegrip van spiritualiteit moet hebben, wat het echt is en waar je naar moet zoeken in een echte meester.

Als je iemand ziet die voortdurend goddelijke liefde en mededogen uitstraalt en een diepe onpeilbare rust, iemand met een nederige houding en diepe eerbied voor ieder aspect van de schepping, dan moet je daarheen gaan. Goddelijke liefde kan niet nagebootst worden. Iemand die het doel nog niet bereikt heeft kan praten als iemand die gerealiseerd is, maar hij kan niet zo liefhebben of zo meedogend zijn als een gerealiseerde mens.

Alleen een brandende olielamp kan een andere lamp aansteken. Een niet brandende lamp kan niets aansteken. De brandende lamp kan ontelbaar veel lampen aansteken en toch zal de vlam ervan zo groot en helder blijven als altijd zonder dat hij ook maar iets van zijn kracht verliest. Op dezelfde manier kan alleen een *jivanmukta*, een gerealiseerde meester, het Goddelijke in je wakker maken. Hij is de helder brandende lamp die zoveel niet brandende lampen aan kan steken als hij wil, en toch blijft hij altijd volmaakt en volledig.[10]

Als je de toestand van Godsbewustzijn eenmaal bereikt hebt, zullen vrede en compassie onvermijdelijk volgen, omdat vrede en mededogen even onscheidbaar van Godsbewustzijn zijn als het licht van een lamp of de geur van een bloem. Als de lamp eenmaal aangestoken is, moet hij schijnen en als de bloem zich eenmaal opent, zal hij onvermijdelijk zijn geur verspreiden. Op dezelfde manier worden vrede en compassie, wanneer je hart zich opent voor het Goddelijke, een deel van jezelf als een schaduw en je kunt je eigen schaduw niet vermijden. Zoek dus naar een meester die voortdurend in dezelfde mate goddelijke liefde, mededogen en vrede uitstraalt, voor iedereen, voor de hele schepping. Want zo is een echte meester."

De belichaming van onze edelste waarden

Vraag: "Amma, sommigen zeggen dat een meester zich in zijn eigen leven aan bepaalde morele en ethische waarden moet houden. Anderen zijn het hiermee niet eens. Wat is Uw mening?"

Amma: " Een echte meester zal altijd een voorbeeld stellen dat zijn leerlingen kunnen volgen. Hij is de belichaming van

---

[10] "Zoals de ene lamp de andere aansteekt, zo onthult de guru de kennis dat alles Brahman is, de Brahman die onzichtbaar, eeuwig, de hoogste en zonder vorm of attributen is." – *Guru Gita*

onze edelste waarden. Amma zou zeggen dat een Satguru zich strikt aan morele en ethische waarden moet houden, ook al staat hij boven alle wetten en beperkingen. Zolang een meester in zijn lichaam blijft en de samenleving dient, moet hij zich aan bepaalde fundamentele morele en ethische waarden houden, want alleen dan kan hij voor anderen een voorbeeld zijn. Als de guru zegt: 'Kijk, ik sta boven alles en daarom kan ik alles doen waar ik zin in heb. Gehoorzaam me gewoon en doe wat ik je zeg!' kan dat de leerling alleen schaden. Het zou zelfs het uiteenvallen van de samenleving kunnen veroorzaken. Een authentieke meester zal nooit zulke uitspraken doen omdat het een teken van verwaandheid zou zijn. Zo'n bewering op zich houdt in dat het besef van 'ik,' het ego, nog erg sterk aanwezig is. Een echte meester is uitzonderlijk nederig. Hij heeft de houding dat hij voor alles buigt, waardoor hij zuiver bestaan naar zich toe laat stromen en volledig bezit van hem laat nemen. De grote meesters hebben helemaal geen egobesef.

Een waarachtige meester is de belichaming van nederigheid. In hem kun je echte overgave en acceptatie zien en zo krijg je een echt voorbeeld waar je je op kunt richten. Alleen in de aanwezigheid van een ziel die zich volledig heeft overgegeven, kan de leerling zich spontaan en moeiteloos overgeven zonder het minste gevoel dat er dwang bij betrokken is.

De leerling op enige manier dwingen zou schadelijk zijn en zou zelfs de ontwikkeling van de leerling belemmeren. Echte overgave is iets wat op natuurlijke wijze in de leerling plaatsvindt. Er vindt van binnen een verandering plaats. Er vindt een verandering plaats in zijn waarneming en begrip en in de houding tegenover zijn activiteit. De hele gerichtheid van zijn leven verandert.

Een meester zou ook geen goed voorbeeld geven als hij trots zou verklaren: 'Ik ben gerealiseerd,' of 'Ik sta boven alles.' Als er enig besef van 'ik' aanwezig is, is de persoon niet gerealiseerd.

Zelfrealisatie is de totale afwezigheid van 'ik' en 'mijn.' Het kan vergeleken worden met de oneindige hemel of open ruimte. Heeft ruimte enig besef van 'ik'? Nee, hij bestaat gewoon. Hij is eenvoudig aanwezig. Hebben een regenwolk of een bloem een ikbesef? Nee, helemaal niet. Ze bestaan allemaal als een offer aan de wereld. Op dezelfde manier schenkt een echte meester, die gevestigd is in het Zelf, zich aan de wereld. Alle grote meesters uit het verleden, de oude heiligen en wijzen, waren volmaakte, levende voorbeelden van onze hoogste en edelste waarden.

Er zijn mensen die zeggen: 'Waarom de ouden citeren of volgen? Zij leefden immers eeuwen geleden.' Ze zeggen: 'Spiritualiteit en de spirituele meesters moeten veranderen en flexibeler worden omdat de wereld waar we vandaag de dag in leven volledig anders is.' Zij die dit zeggen, moeten begrijpen dat er slechts één Waarheid is. Mensen kunnen op verschillende manieren over de Waarheid praten, maar de ervaring is één en dezelfde. De Waarheid is reeds uitgelegd. Er is geen nieuwe Waarheid. Om een nieuwe Waarheid vragen zou kinderlijk zijn. Het kan vergeleken worden met een kind dat op school tegen zijn leraar zegt: 'Alle leraren blijven maar zeggen dat drie plus drie zes is. Ik heb er genoeg van om hetzelfde oude antwoord steeds weer te horen. Waarom kunt U ons geen nieuw antwoord geven en drie plus drie voor de verandering aan iets anders gelijk laten zijn?'

Nee, dat is niet mogelijk. Iemand kan het op een andere manier presenteren maar je kunt niet, wanneer het je uitkomt, een nieuwe Waarheid uitvinden. Ook al heeft de guru het lichaam overstegen en is hij zonder alle menselijke zwakheden, de leerlingen zijn dat niet. Zij zijn nog geïdentificeerd met het lichaam en het ego. Daarom hebben zij een levend voorbeeld nodig, een belichaming van alle goddelijke eigenschappen als een referentie waarop zij zich kunnen richten. De leerlingen putten hun inspiratie uit de meester. Daarom legt een ware meester grote nadruk op moraal en ethiek. Hij houdt zich strikt aan die waarden om een voorbeeld te stellen en zijn leerlingen te inspireren.

Natuurlijk kunnen de gewoonten, ethiek en moraal van verschillende naties verschillend zijn. Maar er zijn bepaalde principes die universeel zijn, die door mensen door de eeuwen heen gedeeld zijn. Het principe van eerlijkheid bijvoorbeeld is altijd van toepassing geweest op ieder individu, samenleving en natie. Waarheid, vrede, liefde, onbaatzuchtigheid, zelfopoffering en nederigheid zijn allemaal universeel toepasbare waarden."

Goddelijk rijstwater

De eerste Devi Bhava in Santa Fe stond op het punt te beginnen in de woonkamer van Steve en Cathi Schmidt. Gayatri kwam naar de Schmidts toe en bood hun een kopje met gewone *kanji* (rijstwater) aan, waar Amma van gedronken had. Zowel Steve als Cathi namen een slokje. Zij voelden het effect van de prasad onmiddellijk. Naar Steve Brahmachari Amritatma later vertelde, was hij plotseling dronken van gelukzaligheid en hij voelde zich volledig los van het drukke tafereel om zich heen. Cathi reageerde door in een hoek te gaan zitten en haar ogen te sluiten. Zo zat ze meerdere uren terwijl ze een diep gevoel van vrede en vreugde ervoer en zich niet bewust was van het goddelijke spel dat rondom haar plaatsvond. Vele uren bleef het echtpaar in die toestand. Het huis zat vol toegewijden die voor Devi Bhava gekomen waren. Maar omdat de gastheer en gastvrouw niet meer in deze wereld waren doordat ze van het hemelse kanjiwater geproefd hadden, was er in het begin een hoop verwarring omdat er niemand was die voor alles zorgde. Dit was Steve's en Cathi's eerste kennismaking met Amma's goddelijke kracht.

Chicago

De echte Jnani

Amma was darshan aan het geven in de hindoetempel van Groot Chicago. Ze zong een lied genaamd *Rama Nama Tarakam*, terwijl er een toegewijde in Haar schoot rustte.

> *De Naam Rama leidt ons*
> *over de Oceaan van Transmigratie.*
> *Hij geeft ons zowel materiële welvaart*
> *als Bevrijding.*
>
> *Die Naam was betoverend voor Sita.*
> *Hij is de steun voor de hele wereld*
> *en wordt door Shiva en andere goden*
> *aanbeden en gezongen.*
>
> *Rama Hare, Krishna Hare!*
> *Ik vereer voortdurend Uw Naam om de oceaan van het*
> *wereldse bestaan over te steken.*
> *Wij kennen geen andere middelen*
> *dan de Namen van de Heer.*

Toen het lied afgelopen was, tilde Amma de toegewijde van haar schoot op. Hij hief zijn hoofd op als iemand die uit een andere wereld tevoorschijn kwam. Er was een uitdrukking van diepe gelukzaligheid op zijn gezicht. Toen de darshan verderging stelde een geleerde Indiase Brahmaan Amma een vraag: "Er zijn bepaalde jnani's (perfecte kenners van het Zelf) die helemaal niets uitvoeren. Zij lijken gewoon mensen te zegenen zonder iets te doen. Amma, kunt U dit alstublieft uitleggen?"

Amma: "Wat doet jou denken dat *anugraha* (zegen) zo onbelangrijk is? Het hele universum met al zijn schoonheid is een zegen. Een menselijk leven krijgen is een zeldzame zegen. Een jnani zegent mensen door hun vrede, geluk en welvaart te geven. Wie anders dan een echte jnani zou dit kunnen doen? Niemand in de wereld behalve iemand die één is met God, kan zulke zegeningen geven. De genade van een echte heilige is alomvattend, het raakt iemands leven in zijn geheel. Het brengt alle verschillende aspecten van zijn leven tot bloei.

U zegt dat een jnani niets doet. Bedoelt U hiermee een belezen, geleerd persoon die zich jnani noemt? Zo iemand doet misschien niets anders dan zeggen 'Ik ben Brahman,' maar een echte jnani is altijd op de een of andere manier actief. Hij is de wereld tot voordeel door zijn aanwezigheid, woorden en daden. Zelfs als de jnani geen fysiek werk doet en niets lijkt te doen vanaf het standpunt van een gewoon iemand, zegent hij in feite mensen door zijn aanwezigheid. Hij hoeft geen *yagya's* of *yagnya's* (rituele offers) te doen om zijn zegen te geven, omdat zijn leven zelf een offer is. Door hem stromen de genade, glorie en oneindige kracht van God. Ja, de echte jnani is God. Daarom komen de mensen onvermijdelijk bij hem bijeen, zelfs als hij probeert om uit hun buurt te blijven. Men kan dus niet oordelen en zeggen dat de jnani niets doet, alleen omdat men ziet dat hij fysiek niet actief is.

Maar een jnani geeft gewoonlijk het goede voorbeeld door fysiek actief te zijn. Wat betreft de uitzonderingen op deze regel, de jnani's die niets lijken te doen: een gewoon iemand kan in de verte niet bevatten wat zulke mensen aan de wereld geven.

Heer Krishna was een perfecte kenner van het Zelf. Hij was buitengewoon dynamisch en voortdurend met allerlei activiteiten bezig. Hij was volmaakt op ieder gebied van activiteit. Maar hoewel Krishna ongeëvenaard is, is hij slechts één voorbeeld. Er zijn veel grote zielen die een volmaakt voorbeeld gegeven hebben en die de wereld door hun activiteiten reusachtig tot voordeel zijn geweest.

Jivanmukti, bevrijding van de cyclus van geboorte en dood, is niet iets om na de dood te bereiken, noch iets om in een andere wereld te ervaren of te verwerven. Het is een toestand van perfect bewustzijn en gelijkmoedigheid, die hier en nu in deze wereld ervaren kan worden, terwijl je in het lichaam leeft. Maar de grote meesters schenken soms de kennis van het Zelf aan enkele van hun leerlingen op het moment dat de leerlingen hun lichaam verlaten (*videhamukti*). Als zulke gezegende zielen de hoogste waarheid van eenheid met de Atman hebben ervaren, hoeven zij niet opnieuw geboren te worden. Zij gaan op in het oneindige Bewustzijn.

Als jivanmukti eenmaal bereikt is, heb je niet het gevoel dat je gescheiden wordt van je lichaam op het moment van overlijden, of dat je je gevoel van identiteit verliest, want je identificatie met het lichaam is al voor de dood van het lichaam opgehouden. Met andere woorden je bent dood voor het lichaam, terwijl je nog steeds in de wereld leeft. Deze hoogste staat wordt *moksha* genoemd, bevrijding van alle gehechtheden van het lichaam.[11] Dit uiteindelijke doel moet je in dit leven zelf bereiken.

Alleen de Atman is het subject, de Ene die ziet, de Ziener. Al het andere, dat wat gezien wordt, is het object. De betekenis van *Atma Jnana* (het kennen van het Zelf) is dat de Atman de Atman kent, het Zelf het Zelf ervaart. Het Zelf kan door niets anders gekend of ervaren worden dan het Zelf dat in het Zelf verblijft. Als de Atman op een andere manier gekend zou kunnen worden, zou de Atman slechts een object zijn, zoals ieder ander object. Er zou dan iets wat gescheiden van de Atman is moeten zijn om de Atman waar te nemen. Nee, de Atman kan niet gezien of gekend worden door iets wat gescheiden is van Zichzelf, want

---

[11] Als Amma hier naar het lichaam verwijst, bedoelt ze ook de geest.

alleen het Zelf is het ware 'Ik', de Ene die alles ziet, de 'Ervaarder'. Ervaringen veranderen, maar de Ervaarder, de grond van alle ervaring, blijft één en dezelfde. Er is niets wat de Atman kan kennen behalve de Atman zelf, het subject dat het subject kent. Dit is de betekenis van het Zelf kennen. Dus als iemand denkt dat hij het Zelf gekend heeft, begrijp dan dat hij het niet gekend heeft, omdat het Zelf niet een object is dat gekend kan worden. Het is het Zelf dat het Zelf kent of ervaart.

De uiteindelijke toestand van kennis van het Zelf is niet echt een ervaring, het is eerder een toestand van *ervaren*, ononderbroken en altijd voortdurend."

Madison

In Madison verbleef Amma bij David en Barbara Lawrence, die oude vrienden van Nealu waren. Ze waren allebei erg aan Amma toegewijd. Hun dochter Rasya werd later zeer gehecht aan Amma en verhuisde naar Haar centrum in San Ramon.

Shraddha

Op een avond toen Amma in de auto stapte om naar een programma te gaan, was Gayatri, die Amma's spulletjes in een mand stopte om ze naar de auto te brengen, te laat zodat Amma op haar moest wachten. Toen ze naar de auto rende, gaf Amma haar een uitbrander voor haar gebrek aan shraddha.

Op weg naar het programma zei Amma: "Amma wil niet dat iemand Haar dient, noch kan het Haar iets schelen hoe je je gedraagt, maar een spirituele aspirant moet alert en waakzaam zijn bij al haar activiteiten. Shraddha houdt zowel liefde als vertrouwen in. Wanneer je liefde en vertrouwen hebt, zal alertheid bij al je handelingen automatisch volgen.

Het leven brengt onverwachte ervaringen. Tenzij we op ieder moment alert en waakzaam zijn, kunnen we die ervaringen niet te boven komen en ze moedig onder ogen zien. De situatie van een individu in het leven is als die van een soldaat op een slagveld. Je kunt je voorstellen hoe alert en waakzaam een soldaat temidden van een gevecht moet zijn. Er kan van iedere kant een aanval komen. Als hij niet uiterst alert en constant op zijn hoede is, kan hij gedood worden. Op dezelfde manier kan het leven je iedere soort ervaring op ieder moment brengen. Je hebt een flinke dosis shraddha nodig om die ervaringen te kunnen verwelkomen en onder alle omstandigheden onverstoorbaar te blijven. Dat is wat spiritualiteit ons leert. Voor een spirituele zoeker is er niets belangrijker dan shraddha. Denk niet dat Amma pietluttig is om kleine dingen. Amma probeert eenvoudig je te helpen om die hoogst belangrijke eigenschap te ontwikkelen. Zelfs als je de kleinste en schijnbaar meest onbelangrijke dingen doet, moet je shraddha hebben."

Later die avond sprak Amma met de brahmachari's over Gayatri. Ze sprak met grote tederheid over haar. Ze zei: "Amma weet dat Gayatri zich bedroefd voelt. Ze denkt misschien dat Amma kwaad op haar is. Zo lijkt het misschien, maar Amma is helemaal niet kwaad. Amma's hart smelt wanneer Ze aan Gayatri's onbaatzuchtigheid en oprechtheid denkt en aan hoe ontzettend hard ze werkt." Er was een intense liefde en mededogen in Moeders stem toen Ze sprak.

In Madison bezocht Amma een tehuis voor gehandicapte kinderen. Amma bracht veel tijd met de kinderen door. Ze gaf ieder kind veel aandacht, vroeg naar hun conditie, hield ze in Haar armen, liefkoosde hen, maakte grappen en speelde met hen. De kinderen waren in de wolken over Amma. Zoals alle kinderen vonden ze Haar meteen aardig en voelden instinctief dat Zij van hen was. Toen Amma op het punt stond te vertrekken, greep een klein meisje in een rolstoel Amma's sari beet en liet Haar niet meer los. Amma hield het kleine meisje dicht tegen zich aan, aaide over haar haar en zei: "Mijn kind, Amma gaat nergens heen. Amma is altijd bij je. Amma is echt ieder ogenblik bij je." Het meisje leek hierdoor getroost. Ze glimlachte gelukkig en liet Amma's sari los.

Vrede komt na pijn

Op weg naar het programma vroeg Amma Brahmachari Rao (Swami Amritatmananda) om in de auto te stappen. Hij voelde zich verdrietig omdat hij niet veel tijd bij Amma door kon brengen door het drukke programma. Onderweg sprak Moeder met hem over pijn en vreugde.

Amma: "Innerlijke vrede volgt altijd op pijn. Om de toestand van vreugde te bereiken moet je eerst pijn ervaren. Pijn in het begin en blijvend geluk op het einde is veel beter dan geluk in het begin en langdurige pijn op het einde. Pijn is een onvermijdelijk deel van het leven. Als je niet op de een of andere manier geleden hebt, kun je geen blijvende vrede of geluk ervaren.

Dit is ook van toepassing op het wereldlijke leven. Stel dat je een groot zanger wil worden. Als dat het doel in je leven is, hoe kun je dan verwachten dat te bereiken zonder eerst de noodzakelijke training van je stem te ondergaan? Je moet in staat zijn om de meest ingewikkelde en subtiele tonen, vibraties en variaties met je stem meester te worden, waarbij je moeiteloos van de laagste naar de hoogste tonen gaat. Hoe is dit mogelijk zonder de stem goed te oefenen onder de strikte leiding van een deskundige zangleraar? Deze training is de pijn die je in het begin moet ondergaan voordat je een grote meester kunt worden. Pijn in het begin is de tapas die je moet doen, de prijs die je moet betalen voor het geluk dat je in het leven geniet. De intensiteit van de pijn varieert overeenkomstig de mate van geluk die je zoekt. Omdat spirituele gelukzaligheid verreweg de grootste vreugde van allemaal is, is de intensiteit van de tapas die vereist is of de prijs die je voor die gelukzaligheid moet betalen, ook het hoogst. Je moet je hele leven aan dat doel wijden.

In sommige delen van India, vooral in Tamil Nadu, eten mensen de ontzettend bittere niem (margosa) bloem op oudejaarsavond. Rond het einde van het jaar is er een ander feest, genaamd Pongal, op de dag dat de zon de steenbokskeerkring raakt. Op deze dag kouwen de mensen traditioneel suikerriet. Er is een grote symbolische betekenis in alle hindoefeesten. In deze twee speciale voorbeelden symboliseert het kauwen van de bittere niembloem het accepteren van de bittere ervaringen van het leven vanaf de eerste dag van het leven. Het leven brengt veel ontberingen en tegenslagen met zich mee. We moeten leren om die te accepteren en zelfs van ganser harte te verwelkomen, om geduldig, enthousiast en optimistisch te zijn en we moeten onszelf nooit toestaan om zwak van geest of teleurgesteld te zijn. Alleen dan kunnen we vooruitgaan naar het echte doel van het leven: de zoete gelukzaligheid en vreugde van onsterfelijkheid. Dit wordt gesymboliseerd door suikerriet aan het einde van het jaar te eten.

Pijn wacht in een of andere vorm op je in ieder deel van je leven en op ieder gebied van activiteit. Zonder de pijn te accepteren en er voorbij te gaan, kun je de vreugde en vrede niet ervaren die er is als het eindresultaat van de pijn waar je doorheen gaat. Door te leren de pijn in het leven te accepteren kun je echt de vreugde van het leven binnengaan.

Alleen liefde kan je open laten gaan voor Godsbewustzijn. Het hele leven is een les in het accepteren.

De aanwezigheid, liefde en aanraking door een goddelijke ziel hebben een grote uitwerking op mensen. Het maakt hen zo ontvankelijk dat zij opengaan.

Er is een voorval in de *Ramayana* dat beschrijft hoe alleen al de aanwezigheid en de aanraking van een grote ziel deze ontvankelijkheid kunnen creëren. Dit voorval verklaart ook hoe innerlijke vrede na een pijnlijke ervaring komt.

De datum voor Sri Rama's kroning was vastgesteld. Maar helaas vond die niet plaats door de inmenging van Kaikeyi, Rama's stiefmoeder. Zij eiste op dat moment de twee gunsten die haar beloofd waren door haar man, Koning Dasharatha, die Rama's vader was. Ze eiste dat haar eigen zoon, Bharata, in plaats van Rama als koning gekroond zou worden en dat Rama voor veertien jaar naar het bos in ballingschap gestuurd zou worden. Koning Dasharatha die erg aan Rama gehecht was, was zo geschokt door de eis van zijn vrouw, dat hij instortte. Hij smeekte haar om haar besluit te veranderen, maar de koningin was koppig. Ze zei hem dat het zijn plicht was als koning en vader van Rama, die de belichaming van dharma was, om zich aan zijn belofte te houden en die onmiddellijk na te komen. Dasharatha bevond zich in een hopeloze situatie, maar Rama die de Heer zelf was, accepteerde het rustig. Hij stemde er bereidwillig mee in om Ayodhya te verlaten en naar het bos te gaan en zijn broer Bharata de troon te laten bestijgen. Rama die voorbij alle gehechtheden was, toonde geen teken van kwaadheid of teleurstelling. Hij was dezelfde kalme, evenwichtige Rama als altijd.

Maar Lakshman, Rama's broer en trouwe dienaar, die meer van de Heer hield dan van wat dan ook ter wereld, werd razend toen hij het nieuws over Rama's op handen zijnde ballingschap hoorde. Toen Lakshman erachter kwam dat Kaikeyi hiervoor verantwoordelijk was, kende zijn kwaadheid geen grenzen meer. Hij beschuldigde zijn vader ervan 'onder de plak te zitten en onrechtvaardig te zijn.' Hij wilde Rama's toestemming om Kaikeyi en hun vader in de gevangenis te zetten. Hij wilde het koninkrijk voor Rama bemachtigen en Hem als de rechtmatige koning laten kronen. Lakshman kookte van woede. Niemand kon hem troosten. Rama zweeg en keek eenvoudig toe toen Zijn broer schreeuwde en gilde van woede en hun vader uitdaagde totdat hij tenslotte uitgeput was. Op dat moment ging Rama, die tot dan toe geen woord gezegd had, naar zijn broer toe. Hij raakte hem vriendelijk aan en zei: 'Mijn kind.' Dat was alles wat nodig was. Die twee eenvoudige woorden en die liefkozing hadden een onmiddellijke uitwerking op Lakshman. Het maakte het kind in hem wakker. Hij werd volkomen rustig en kalm en al zijn woede verdween. Dat is de kracht van het woord en de aanraking van een gerealiseerde meester. Het maakte Lakshman zo rustig en open als een kind voor Rama. Rama begon hem toen advies te geven en gaf hem enkele diepgaande spirituele instructies die diep in zijn hart doordrongen. Daarvoor ging Rama niet naar Lakshman en zei hij geen woord tegen hem. Hij wachtte geduldig totdat Lakshman door al die pijn en woede gegaan was en toen schiep hij de perfecte gelegenheid om hem te onderwijzen. Had Rama daarvoor tot zijn broer gesproken toen hij nog raasde van woede, dan zou zijn spiritueel onderricht bij Lakshman helemaal over het hoofd heen gegaan zijn. Dus de hele situatie vanaf het begin tot het einde werd door Heer Rama gecreëerd. Als Rama tegen de beslissing van Zijn vader geprotesteerd had, zou deze gelegenheid zich niet voor gedaan hebben.

Er zijn natuurlijk vele redenen op veel verschillende niveaus voor alles wat er in de Ramayana gebeurde.

Rama was de Universele Kracht in menselijke vorm. Als hij dat gewenst had, dan had hij zijn tegenstanders in minder dan een ogenblik kunnen verslaan en zijn koninkrijk kunnen terugnemen. Het was zijn acceptatie van de situatie die Lakshman in een woedeaanval deed ontploffen. Maar die explosie hielp Lakshman om alle negatieve stagnerende energie, die sluimerend in hem aanwezig was geweest, uit te putten. Bovenal was het de genade achter Rama's woorden en de goddelijke aanraking die Lakshman heelden en hem transformeerden in een vat dat geschikt genoeg was om Rama's spirituele instructies te ontvangen. Maar voordat Lakshman zich opende moest hij door de pijnlijke ervaring van woede en wanhoop gaan. Dus vrede en ontspanning volgen altijd na afloop van pijn en inspanning. Rama, de volmaakte meester, creëerde de situatie door zijn goddelijke *sankalpa* omwille van zijn geliefde broer en leerling.

We moeten hier echter vermelden dat deze situatie speciaal geschikt was voor Lakshman in de omstandigheden die gestuurd werden door de aanwezigheid van zijn meester. Anders zou je kunnen denken dat het niet nodig is om je woede in bedwang te houden of je bewust te zijn van de hoofdzakelijk negatieve aspecten ervan. Gewoon ontploffen in een aanval van woede steeds wanneer je kwaad wordt, is geen goed idee, het is duidelijk destructief. Deze speciale situatie ontstond in Rama's aanwezigheid met een speciaal doel.

Er is altijd een goddelijke boodschap verborgen in de schijnbaar negatieve ervaringen die we meemaken. We moeten gewoon doordringen tot onder de oppervlakte van een situatie en dan zal de boodschap duidelijk gemaakt worden. Maar we blijven gewoonlijk aan de buitenste oppervlakte van onze ervaringen."

De auto stopte bij de ingang van de zaal en Amma stapte op de wachtende menigte af. Toen de mensen Amma in het oog kregen, kwam er spontaan een glimlach op hun gezicht. Zij waren als lotusbloemen die opengingen bij het verschijnen van de zon aan de hemel. Een baby'tje dat op haar moeders heup zat, staarde naar Amma. Amma liep naar de baby toe en kuste haar. Ze riep: "Baby, baby!" Het meisje begon te glimlachen en reikte naar Amma omdat ze naar Haar toe wilde komen. Amma nam het kleine meisje in Haar armen en liep naar de ingang van de zaal waar ze bleef staan voor de traditionele pada puja, bloemenkrans en arati. Met de baby nog steeds in Haar armen ging Amma toen verder naar het podium.

Charleston

Jivanmukti

In Charleston, Virginia, gaf Amma darshan in een niet-sektarische kerk. Ze was daar uitgenodigd door een monnik die de kerk leidde. Hij behandelde Amma met grote eerbied. Voor de bhajans vertelde hij de mensen: "Dit is misschien de eerste keer dat Amma naar Amerika komt. De eerste keer dat Ze hier in Haar lichaam komt, dat wil zeggen..." Hij pauzeerde een ogenblik en ging toen verder: "Maar ik weet dat Amma hier eerder is geweest. Ze is bij me geweest. Want Ze kwam bij mij in een visioen, voordat ik ooit van Haar gehoord had. En in dat visioen vertelde Ze me dat Ze naar Amerika kwam. Later hoorde ik over Amma en dat Ze op het punt stond om dit land te bezoeken."

Tijdens de bhajans die volgden leidde Amma iedereen bij het lied *Jay Jay Jay Durga Maharani*.

> *Overwinning, overwinning, overwinning*
> *voor Durga, de Grote Koningin!*
> *O Durga, Grote Koningin,*
> *Geef mij Uw darshan!*
>
> *U die het universum betovert,*
> *O Moeder die in alle drie werelden verblijft,*
> *U bent degene die aan de hele schepping*
> *het leven geschonken heeft.*
> *U bent de Schenkster van alle gunsten.*

O Durga, Grote Koningin,
Geef mij Uw darshan!

O Moeder Durga,
U bent degene die alle onwetendheid vernietigt.
U bent degene die alle vrees en verdriet verwijdert.
O Moeder, die op een leeuw zit,
U bent de belichaming van alles wat gunstig is.
O Durga, Grote Koningin,
Geef mij Uw darshan!

O Moeder, U bent de belichaming
van vertrouwen, mededogen en liefde.
U alleen bent de Grote Illusie, de Hoogste Kracht.
O Moeder Bhavani, U verblijft in alle harten.
O Durga, Grote Koningin,
Geef mij Uw darshan!

Overwinning, overwinning, overwinning
voor Durga, de Grote Koningin!

Toen de darshan begon kwam er een vrouw die met Amma meegereisd was, naar Haar toe voor darshan en ging toen naast Haar zitten. Ze had Amma over jivanmukti horen praten en wilde meer over het onderwerp weten. Ze zei: "Amma, een paar dagen geleden sprak U over de uiteindelijke toestand van bevrijding, een toestand van vrijheid van alle gebondenheid aan lichaam en geest die ervaren kan worden terwijl men nog in deze wereld leeft. U zei dat in die toestand het lichaam en de geest ophouden te bestaan. Betekent dat dat de wereld voor onze ogen zal verdwijnen? Want hoe kan men zonder het lichaam en de geest de wereld ervaren?"

Amma: "De staat van jivanmukti betekent niet dat de wereld verdwijnt. De wereld zal blijven bestaan. Maar je verkeerde opvattingen over de wereld zullen verdwijnen. Het is je verkeerde begrip dat alle verschillen en diversiteit veroorzaakt. Dit zal oplossen en je zult alleen de eenheid van alles zien, overal. Maar Gods schepping zal er nog zijn, want je kunt alleen vernietigen wat je zelf hebt geschapen. Met andere woorden je kunt het ego vernietigen, want dat is je eigen schepping. Dit universum is niet jouw creatie, dus kun je er niets tegen doen.

Je gedachten zijn je eigen creatie. Je maakt ze echt door met ze samen te werken. Trek je steun in en ze zullen oplossen. Observeer je gedachten. Houd niet van ze en haat ze niet, beoordeel ze niet als goed of slecht. Wees gewoon een toeschouwer en ze zullen verdwijnen. De uiterlijke wereld zal niet verdwijnen enkel omdat je die observeert. Maar als je een onthechte getuige kunt zijn, zal de innerlijke wereld van gedachten verdwijnen. Stel je gewoon voor dat de gedachtewereld een stromende rivier is en jij een toeschouwer bent die op de oever van de rivier staat zonder erin te springen.

De wolken in de lucht hebben verschillende vormen. Een wolk kan de vorm van een monster, een strijdwagen, een steigerend paard of het prachtige gezicht van een god aannemen. En als de wolken voorbijdrijven, blijven ze veranderen. Kleine kinderen genieten hiervan. Als ze naar de voorbijgaande wolken kijken, geloven ze misschien dat de vormen echt zijn. Maar een volwassene weet dat de vormen illusies zijn, dat het slechts wolken zijn die voortdurend van vorm veranderen. De volwassenen oordelen niet, ze kijken gewoon naar de lucht zonder een bepaalde houding, zonder commentaar te leveren op de vormen die zij daarboven zien. Zij zeggen niet: 'O, wat een prachtig paard!' omdat ze weten dat het alleen maar een wolk is.

Op dezelfde manier zijn gedachten de steeds veranderende 'wolken' die in de innerlijke ruimte van de geest verschijnen. Ze kunnen verschillende vormen aannemen, maar ze zijn altijd onecht. Omdat je de wolken aan de hemel buiten niet geschapen hebt, zullen ze niet verdwijnen doordat je ze observeert. Maar de gedachtewolken in de innerlijke hemel zullen oplossen als je er eenvoudig getuige van kan zijn als ze voorbijgaan.

Een leeuw van sandelhout is voor een kind echt, maar voor een volwassene is het een stuk sandelhout. Voor het kind is het hout verborgen en het toont alleen de leeuw. De volwassene kan ook van de leeuw genieten, maar hij weet dat hij niet echt is. Voor hem is het hout echt en niet de leeuw.

Op dezelfde manier is voor een jivanmukta het hele universum niet anders dan de essentie, het 'hout' waar alles van gemaakt is, de Absolute Brahman of Bewustzijn.

De wereld verdwijnt niet voor de ogen van de jivanmukta. Alles gaat door zoals het is. Niets verandert. De zon houdt niet op met opkomen aan de oostelijke horizon wanneer iemand realisatie bereikt. Maar er vindt van binnen een verandering plaats. Je neemt de wereld vanaf een ander niveau van bewustzijn waar. Voor de jivanmukta is alles doordrongen van God, van zuiver, onverdeeld Bewustzijn. Net zoals de houten leeuw voor een volwassene nog steeds een stuk hout is, ziet de jivanmukta alles als de Paramatman, het Hoogste Zelf. De wereld van namen en vormen bestaat nog steeds, maar hij neemt de innerlijke essentie van alles waar. De toestand van jivanmukti betekent niet dat je je lichaam verliest. Je kunt in je lichaam blijven en in de wereld blijven functioneren, maar je identificatie met het lichaam is opgehouden. Je wordt een toeschouwer, een getuige. Je houdt op de wereld vanaf de buitenkant te ervaren. Je neemt alles van binnen waar, vanaf het echte middelpunt van het bestaan.

De kern van een droge kokosnoot laat automatisch los van het harde buitenste omhulsel. De kern blijft in het omhulsel zonder eraan vast te zitten. Hetzelfde geldt voor een jivanmukta omdat men in die toestand ziet dat de ziel en het lichaam gescheiden zijn. De waanidee dat het lichaam de ziel is of dat de ziel het lichaam is, wordt verwijderd. Alle gehechtheid aan het lichaam verdwijnt. Wanneer de *vasana's* (verborgen neigingen) 'opgedroogd' zijn, daagt de realisatie in je dat het lichaam niet het Zelf is, maar dat het Zelf volledig vrij en onafhankelijk is. Voor de jivanmukta is het Zelf alles, overal. De Paramatman is de hele schepping geworden.

Er is een prachtig verhaal over Heer Brahma, de Schepper van het Universum. Er wordt gezegd dat de Heer na het scheppen van ieder levend wezen, er zo verliefd op werd dat Hij in Zijn schepping opging en er één mee werd. Hij schiep een boom, Hij werd verliefd op de boom en werd de boom. Hij schiep een varken, Hij werd verliefd op het varken en werd het varken. Hij schiep een mens, werd op die persoon verliefd en werd die persoon. Zo ging Hij in alles op.

God is verliefd geworden op Zijn schepping. Hij doordringt alles als de ene leven schenkende Kracht. Jivanmukti is de toestand waarin je de glorie van God waarneemt, Zijn oneindige Macht in alles, niet alleen in wat goed en mooi is maar ook in alles wat slecht en lelijk is. Je ziet de innerlijke essentie van de wereld, niet de uiterlijke oppervlakte. De oppervlakte van de dingen blijft hetzelfde, maar je innerlijke oog is opengegaan en stelt je in staat om door het uiterlijk door te dringen en duidelijk 'Dat' wat binnenin ligt waar te nemen.

In de *Srimad Bhagavatam* vertelde Prahlada, een jongen die Heer Vishnu aanbad, aan zijn vader, de demonenkoning Hiranyakashipu, dat de Heer overal is, of het nu in een grassprietje is, een levenloze pilaar, een droog blad, een eenvoudige hut of een paleis. Hiranyakashipu die woedend was over het vertrouwen van zijn zoon in de Heer, wees op een grote pilaar in het paleis en schreeuwde tegen de jongen: 'Is jouw Hari ook in die pilaar?' Zonder een moment te aarzelen, antwoordde de jongen: 'Ja, daar is

Hij ook.' De demon was hierover razend en sloeg met zijn zwaard tegen de pilaar. De kracht van de slag spleet de pilaar in tweeën en daaruit kwam de woeste vorm van Narasimha (de goddelijke mensleeuw) in een explosie van Kosmische Kracht.

Zonder de Hoogste Energie zou niets kunnen bestaan. Zonder het integrerende vermogen van de Kosmische Kracht, die alles bij elkaar houdt, zou de wereld in een ogenblik oplossen. De Hoogste Energie is de uiteindelijke opbouwende kracht.

Dit verhaal symboliseert de allesdoordringende, overal aanwezige aard van de Hoogste Energie. Jivanmukti is het hoogtepunt van het menselijke bestaan, een toestand waarin men voortdurend eeuwige gelukzaligheid ervaart terwijl men nog in het lichaam is. In die toestand is het lichaam niet meer dan een kooi waar de ziel in leeft want je bent je er altijd van bewust dat het Zelf verschilt van het lichaam.

Hebben jullie gehoord van Koning Janaka, de vader van Sita Devi, die de heilige echtgenote van Heer Rama was? Koning Janaka was een jivanmukta. Hij was één met het Zelf en toch keerde hij zijn verantwoordelijkheden als koning nooit de rug toe. Hij regeerde het land en deed zijn plicht met volmaakte gelijkmoedigheid. Hij bleef volkomen ongeraakt door en onthecht van de gebeurtenissen die in zijn leven plaatsvonden of ze nu goed of slecht waren.

In de toestand van jivanmukti bestaat de wereld nog steeds, maar je hele perspectief verandert. Nadat de jivanmukta eenheid met het Hoogste Wezen bereikt heeft, verricht hij de taken die aan hem zijn toevertrouwd, zolang hij in de wereld blijft leven. Hij zit niet werkeloos zeggend: 'Alles is een illusie, dus is het niet nodig dat ik werk verricht'"

Boston

De Avatar

Deze ochtend gaf een jongeman de wens te kennen om Amma een vraag te stellen. Amma glimlachte naar hem en zei: "Natuurlijk kan dat, maar vraag niets over God, karma (de theorie van activiteit) of moksha."

De man was verbijsterd want hoe kon hij een spirituele vraag stellen zonder een van die onderwerpen aan te roeren? Toen Amma en de toegewijden zijn verwarde uitdrukking zagen, moesten zij lachen. Amma knuffelde hem en zei: "Zoon, maak je geen zorgen. Je kunt je vraag stellen."

Hoewel Amma een grap maakte toen Ze zei dat hij niets over deze drie onderwerpen mocht vermelden, was het een uitspraak met diepe betekenis, omdat iedere vraag over God, karma of moksha niet te beantwoorden is. Er kan niets over deze onderwerpen gezegd worden omdat zij niet begrepen kunnen worden tenzij ze direct ervaren worden. Iedere uitleg of interpretatie zal alleen maar meer vragen scheppen. Amma zegt: "Woorden zullen je misleiden. Ga voorbij de woorden en je zult weten." Maar als een groot meester als Amma tot ons spreekt, komen zijn woorden voort uit zijn directe ervaring van de Hoogste Waarheid. De woorden van een gerealiseerde ziel zijn dus de enige betrouwbare bron die we over deze onderwerpen hebben.

Toen de man toestemming had gekregen om met zijn vraag verder te gaan, vroeg hij: "Amma, bent U een *avatar*? Bent U de Goddelijke Moeder? Bent U *Adi Parashakti* (de Hoogste Kracht)?"

Amma: "Je mag dit lichaam iedere naam geven die je wil. Sommigen noemen het Amma (Moeder), sommigen Devi of Krishna, weer anderen beschouwen het als een Boeddha of een Christus. Er zijn er veel die dit lichaam Amritanandamayi noemen of het andere namen geven. Er zijn er ook die dit lichaam bekritiseren. Het maakt Amma niet uit hoe je Haar noemt. De Waarheid, het innerlijke Zelf, blijft eeuwig hetzelfde, onveranderlijk en onaangedaan. Niemand kan het geheim van dit Zuivere Zijn doorgronden.

Het woord 'avatar' betekent neerdalen. Het oneindige Bewustzijn daalt af in de wereld en neemt een menselijke vorm aan om de mensheid te verheffen en te redden. Maar dit is alleen zo vanaf het standpunt van de toegewijde omdat er geen ruimte is voor het oneindige Bewustzijn om ergens te komen of te gaan. Waarheen zou dat wat oneindig en allesdoordringend is neer kunnen dalen of op kunnen stijgen? Er is geen extra centimeter ruimte om heen te gaan. Opstijgen en neerdalen bestaan alleen voor hen die hun eenheid met de Hoogste Realiteit niet ervaren. Wanneer je één bent met de oceaan van Sat-Chit-Ananda is er geen sprake van komen of gaan.

Men zou kunnen zeggen dat wanneer een ziel realisatie bereikt, de stenen pot in de oceaan breekt en het water in de pot opgaat in het water dat hem omgeeft zodat er overal alleen maar water is. Hier stelt de oceaan het oneindige Bewustzijn of de Paramatman voor en de stenen pot is het individuele zelf. In de uiteindelijke toestand van realisatie verdwijnt je individualiteit of lichaamsbewustzijn. Je gaat in het Oneindige op en gaat voorbij alle beperkingen. Maar voor een avatar was er nooit een stenen pot die moest breken want hij of zij is altijd één met het Hoogste geweest.

De avatars leven onder de mensen en ondergaan alle ontberingen van het leven, maar zij geven voortdurend een voorbeeld van goddelijke liefde, mededogen en zelfopoffering. Zulke wezens worden een grote bron van inspiratie voor miljoenen mensen over de hele wereld. Zij zijn als grote schepen die honderdduizenden mensen over de oceaan van transmigratie kunnen zetten. De avatars worden geboren met een volmaakt bewustzijn van de Hoogste Waarheid. Ze kunnen zware ascese ondergaan maar dat doen ze alleen om de wereld een voorbeeld te geven. Het is als een liefdevolle moeder wier kind aan geelzucht lijdt en een strikt dieet moet volgen. Om het voor haar kind makkelijker te maken zal ze hetzelfde dieet volgen. Want als ze in het bijzijn van haar kind ander voedsel eet, kan hij in de verleiding komen om hetzelfde te doen.

Als je wil communiceren met iemand die doofstom is, kun je niet in je eigen taal met hem praten. Om de boodschap over te krijgen moet je gebarentaal gebruiken. Je moet naar hun niveau gaan. Maar dat je gebarentaal gebruikt betekent niet dat je zelf doof bent. Op dezelfde manier kunnen de avatars zware ascese ondergaan of je kunt hen zien mediteren, maar dat betekent niet dat zij dat echt nodig hebben. Alle spirituele oefeningen die zij doen, doen zij om voor anderen een voorbeeld te stellen en hen daardoor te inspireren en te verheffen.

Alles in de natuur beweegt zich in een eindeloze cirkel: er is geboorte, dood en opnieuw geboorte. De seizoenen bewegen zich in een cirkel: lente, zomer, herfst, winter en opnieuw lente. De aarde draait om zijn as en rondom de zon. Een zaadje ontkiemt en wordt een boom. De boom bloeit en er worden nieuwe zaden geboren. De tijdperken (*yuga's*) bewegen zich ook in een cirkel: er is *Satya yuga, Treta yuga, Dwapara yuga, Kali yuga* en dan opnieuw Satya yuga. Voor deze schepping was er een andere schepping. Dit universum zal uiteindelijk ophouden te bestaan en een ander universum zal zich manifesteren. Toen Rama naar de wereld kwam, zei hij tegen Hanuman: 'Er zijn ontelbare Rama-avatars geweest, niet alleen deze ene.' En Krishna zei tegen Arjuna: 'Jij en ik zijn een aantal keren samen geboren. Ik weet daar alles van, maar jij niet.'"

Amritatma riep uit: "O Amma, ik herinner me dat U eens gezegd hebt dat allen die nu bij U zijn, eerder bij U geweest zijn."

Amma: "Ja, alle kinderen van Amma die nu bij Amma zijn, zijn eerder bij Haar geweest."

Een duidelijk teken

De vraag of Moeder Adi Parashakti, de Hoogste Kracht, is herinnert ons aan een voorval.

Een jongeman genaamd Madhavan die een *Tantra* student was en de Goddelijke Moeder in de vorm van Sri Lalita Parameshvari vereerde, kwam voor de eerste keer naar Amma. Hij stond onderaan Moeders trap te wachten tot Ze uit Haar kamer naar beneden zou komen. Toen hij stond te wachten dacht hij: "Als Moeder werkelijk Sri Lalitambika (een aspect van de Goddelijke Moeder als Sri Lalita) is, die *Karpūra vītikāmoda samākarshi digantarā*[12] is, moet Ze mij een teken geven zodat ik het weet."

Een paar minuten later kwam Amma de trap af. Hij merkte op dat Ze op iets kauwde. (Amma loopt gewoonlijk niet rond terwijl Ze op iets kauwt.)

Toen Ze de onderkant van de trap bereikte, waar Madhavan stond, deed Ze Haar mond open, wees ernaar en zei: "Kijk, zoon. Dit is *karpūra vītikā*[13]. Een toegewijde heeft dit aan Amma gegeven."

Madhavan stond sprakeloos. Hij had geen duidelijker teken kunnen vragen. Het bleek dat een van Amma's toegewijden uit een nabije stad genaamd Kottayam, die altijd de *Sri Lalita*

---

[12] 'Zij die geniet van met kamfer aangemaakte betelrollen, waarvan de geur de hele schepping aantrekt.' Dit is een van de duizend namen van de Goddelijke Moeder in de *Sri Lalitasahasranāma*.

[13] *Karpūra vītikā* is een combinatie van kardemom, kokosnoot, zwarte peper, gember en limoen.

Sahasranāma reciteerde en die sterk geloofde dat Amma niemand anders was dan Adi Parashakti, Amma de *karpūra vītikā* een paar dagen eerder als offergave gegeven had. Maar Amma had het niet aangeraakt omdat Ze gewoonlijk niet op zulke dingen kauwt. Maar op die speciale dag nam Amma voordat Ze Haar kamer uitging een snuifje van het spul dat op een tafel bewaard was, en stopte het in Haar mond. Het werd Madhavan duidelijk dat Amma iedere gedachte van hem kende en dat Ze niemand anders dan Devi zelf was.

Toen de darshan verderging, werd er een andere vraag gesteld: "Amma, U hebt gezegd dat er talloze Rama en Krishna avatars geweest zijn. Maar wij hebben slechts van één Rama en één Krishna gehoord. Wat bedoelt U hier dan mee?"

Amma: "Zelfs nu zouden Rama, Krishna en Boeddha terug kunnen komen, en dat gebeurt ook, maar de mensen hebben niet de ogen om het te zien. Zoek niet naar Rama of Krishna in dezelfde vorm als vroeger. Als je naar Rama zoekt met pijl en boog of Krishna met een fluit en pauwenveer, word je zeker teleurgesteld. God is geen vrek. Hij geeft gul uit. Hij toont Zijn overvloed in vele vormen voor de mensheid. Rama, Krishna en Boeddha verschijnen in andere vormen. Nee, je zult hen in deze wereld niet vinden als je verwacht dat ze precies hetzelfde lichaam hebben als vroeger of zich op dezelfde manier kleden als ze eens deden of als je verwacht dat hun spel op aarde hetzelfde is als het eens was. Nee, zij zullen niet precies hetzelfde zijn. Maar als je er echt naar verlangt om hen te zien, is het mogelijk om hen te vinden. Zoek naar hen waar goddelijke liefde is, waar men evenveel en onvoorwaardelijk van iedereen houdt en waar onbegrensd mededogen is, waar grote nederigheid en zelfopoffering is. Overal waar je zulke eigenschappen tegenkomt, daar verblijven Rama en Krishna.

God is oneindig. Hij is ooit als Rama en Krishna verschenen. Dat allesdoordringende, onbegrensde Bewustzijn met zijn onuitputbare energie neemt nu een andere vorm aan."

(Schertsend) "Mensen krijgen van alles genoeg, is het niet? Ze kunnen zelfs genoeg van God krijgen als Hij opnieuw als Rama of Krishna zou komen. Omdat God weet hoe gemakkelijk mensen ergens genoeg van hebben, wenst Hij iedereen met Zijn oneindige Wijsheid te amuseren en daarom verschijnt Hij in verschillende vormen!

Kinderen, de verpakking verandert, maar de inhoud blijft hetzelfde. Die verandert niet. Dit is wat er gebeurt met een avatar. Iedere goddelijke incarnatie verschijnt ook naar gelang de behoeften van de samenleving in die tijd. De problemen van de wereld van vandaag, de oplossingen voor die problemen en de manier om die oplossingen toe te passen zijn anders dan in Rama's en Krishna's tijd."

Brahmachari Amritatma die Amma's woorden vertaalde, werd herinnerd aan hoe Amma een paar maanden daarvoor in de ashram in India terloops naar Zichzelf verwezen had in het midden van een gesprek. Ze zei: "De heiligen en wijzen deden jarenlang zware tapas om God te realiseren. Hier heb je God zomaar in je midden, maar hoeveel mensen kan het iets schelen?"

New York

"Ik ben je Moeder"

Tijdens het eerste ochtendprogramma in New York, toen Amma net begonnen was met het geven van darshan, wees Ze naar een klein blond jongetje die met zijn vader aan de andere kant van de kamer zat. Ze zei tegen Amritatma: "Dat kind heeft geen moeder. Amma voelt veel compassie en liefde voor hem." De jongen was nog niet bij Amma geweest en niemand had Haar iets over hem verteld.

Na een tijdje wierp Amma speels een chocolade snoepje door de kamer naar waar het jongetje zat. Hij glimlachte en at het op. Kort daarop wierp Amma een tweede chocolaatje halverwege de kamer. Hij liep wat verder naar Amma toe en kreeg zijn tweede traktatie. Amma herhaalde dit nog een paar keer en toen hij dichtbij genoeg was, stak Amma Haar armen uit en pakte hem op. Ze lachten allebei. Het jongetje voelde meteen een sterke band met Amma.

Zijn vader, Larry Richmond (Arun) kwam naar Amma toe en legde uit dat zijn zoon, Jason, die zes jaar was, zijn moeder verloren had toen hij pas acht maanden oud was, dat hij 's nachts vaak huilend wakker werd en vroeg waarom hij geen moeder had. Amma hield Jason in Haar armen en zei tegen hem: "Jason, ik ben je Moeder!" Jason keek verwonderd naar Amma. Hij dacht dat Amma bedoelde dat Zij zijn biologische moeder was. Zijn gezicht straalde van vreugde. Voor de eerste keer in zijn leven ervoer hij de onvoorwaardelijke liefde van een moeder.

Larry vertelde Amma ook dat Jason aan epilepsie leed, dat hij vaak aanvallen had en dat de medicijnen helemaal niet hielpen. Amma zei tegen Larry dat hij door moest gaan hem de medicijnen te geven. Ze gaf hem een stuk sandelhout en instrueerde hem hoe hij het moest gebruiken.

Amma's instructies werden op de letter opgevolgd en vanaf toen had Jason geen aanvallen meer.

De nederigheid van een Satguru

Tijdens een avondprogramma in de Kathedraal van Saint John the Divine in New York werd Amma een vraag gesteld:

"Amma, in Californië hoorde ik U praten over de nederigheid van een echte meester, dat een Satguru geen enkel egobesef heeft en dat hij voor alles in de schepping buigt. Mijn vraag is of nederigheid een integraal deel is van een gerealiseerde meester."

Amma: "Een gerealiseerde meester is voorbij alles. Maar nederigheid is een van de fundamentele eigenschappen die hij of zij tot uitdrukking brengt. De meester is nederig omdat hij alles als God ziet en de hele schepping als de Allerhoogste vereert. Je zou dus kunnen zeggen dat een Satguru altijd in een devote, vrome stemming is. Hij buigt voor alles en het hele bestaan buigt op zijn beurt voor hem.

Rondom een egoïstisch iemand is er geen innerlijke verandering mogelijk. De sadhak (aspirant) kan niet veranderen als het gevoel van 'ik' en 'mijn' in de meester overheersen. Zulke zogenaamde leraren kunnen alleen vrees en angst om zich heen scheppen, die alle mogelijkheden tot verandering uitsluiten.

Er zijn veel wrede koningen en dictators over de hele wereld geweest die alleen voor hun eigen belangen zorgden en niets anders. Tijdens hun bewind heerste er angst en het hart van de mensen was bijgevolg gesloten. Er zijn ook veel voorbeelden geweest van grote zielen die het leven van talloze mensen ten goede veranderd hebben met niets meer dan hun nederige aanwezigheid. Ieder spoor van angst verdwijnt in de nabijheid van zulke mensen. Een authentieke meester is voorbij alle egoïsme. Echte nederigheid creëert een sfeer van liefde en compassie die op zijn beurt de noodzakelijke condities schept waarin spirituele ontplooiing plaats kan vinden. Daarom geeft de aanwezigheid van de Satguru de meest geschikte atmosfeer waarin je hart kan opengaan.

Een gerealiseerde meester verblijft eeuwig in het Zelf, ongestoord door de verschillende ervaringen van het leven. Je kunt observeren dat een meester nederiger en eenvoudiger dan wie ook is. Hij is onvoorstelbaar liefdevol, meedogend en geduldig – en tegelijkertijd is hij niets van dit alles want hij is voorbij alle eigenschappen. Zijn beheersing van zijn geest en zintuigen geeft hem de onbegrensde capaciteit om zich op iedere goddelijke kwaliteit te richten en om die kwaliteit volledig en perfect te manifesteren en die op iedere manier die hij verkiest uit te drukken. Maar het volgende moment kan hij zich daarvan losmaken, volledig onaangedaan en onthecht.

Hoewel een meester nederig kan zijn om een voorbeeld te stellen, is het onmogelijk om hem als dit of dat te beoordelen. Natuurlijk is hij nederig, maar tegelijkertijd staat hij daar los van.

Een leerling moet leren om nederig te zijn want door nederigheid word je pas een echte leerling. Als deze kwaliteit niet tot leven komt, kan de meester niet werkelijk je leven binnengaan. Het is dit wakker worden van de leerling in je dat de meester naar je toe brengt. Je intense dorst om de Waarheid te leren kennen schenkt het leven aan de leerling in jou. De minnaar in je wordt wakker en als de minnaar eenmaal wakker is, verschijnt de geliefde. Zonder een minnaar is er geen geliefde. Zonder leerling is er geen meester. De meester bestaat nog wel, maar niet in jouw leven.

De nederigheid van de leerling, zijn houding dat hij een absolute beginner is en zijn acceptatie en bewustzijn van zijn eigen onwetendheid, maken hem open en ontvankelijk voor echte kennis, die de meester dan rijkelijk aan hem schenkt. Nederigheid is de poort naar echt leerlingschap en de meester geeft zelf een perfect voorbeeld van nederigheid.

Zonder de minste aarzeling raakte Sri Rama de voeten van zijn stiefmoeder Kaikeyi aan en vroeg haar zegen voordat Hij vertrok om veertien jaar in ballingschap in het bos door te brengen, ook al was het Kaikeyi die verantwoordelijk was voor zijn ballingschap. Rama was nederig genoeg om liefdevol en vol respect voor haar te buigen zonder een spoor van kwaadheid of wraakzucht.

Kijk naar het voorbeeld van het leven van Sri Krishna. Hij was zich volkomen bewust van Zijn goddelijkheid, van wie Hij was. Toch waste Hij nederig de voeten van alle heiligen en wijzen die kwamen deelnemen aan de *rajasuya* die door Yudhistira, de oudste van de Pandava-broers, werd uitgevoerd. Denk ook aan hoe Heer Krishna, net voordat Hij zijn lichamelijk omhulsel verliet, de toestand van moksha (bevrijding) verleende aan de jager die het instrument was om een einde aan Zijn leven op aarde te maken. Amma heeft ook gehoord dat Christus op de avond voor Zijn kruisiging de voeten van al Zijn apostelen waste en kuste, inclusief Judas die Hem voor dertig zilverlingen verried."

Er is een Amma verborgen in iedereen

Vraag: "Amma, door hun onbaatzuchtigheid en het voorbeeld van hun leven hebben die grote zielen de mensheid geïnspireerd en verheven. Maar is er een 'innerlijke' betekenis van hun grote daden?"

Amma: "Ieder mens, zelfs als hij of zij wreed en egoïstisch mocht zijn, heeft de capaciteit om verlicht te worden. Deze mogelijkheid is in iedereen latent aanwezig. Amma ziet een Amma verborgen in ieder van jullie. Er is een Krishna, Rama, Boeddha of Christus in jullie. Gods hemelse licht zou ieder moment in jullie kunnen gaan schijnen. Het wacht tot de juiste gelegenheid zich voordoet. De grote meesters kunnen dat verborgen licht zien dat wacht om te voorschijn te komen, dat wacht om door de muren van het ego heen te breken. Zij zien een toekomstige Krishna, Rama, Boeddha of Christus in iedereen. Omdat Amma de Goddelijke Moeder in jullie ziet, buigt Amma voor Haar eigen Zelf, voor God. Dit is wat de grote meesters altijd gedaan hebben. De meesters kunnen duidelijk de Goddelijkheid in jullie zien, maar jullie kunnen het zelf niet zien door jullie gebrek aan bewustzijn. De meesters kunnen het Goddelijke Licht in jullie zien en daarom buigen zij daarvoor. Je kunt niet echt nederig zijn tenzij je dit licht in iedereen kunt zien. Het is de ervaring van het Zelf die je natuurlijk nederig maakt in alle situaties. Wanneer je alles als God ziet, ben je altijd in een vrome stemming. Wanneer er geen gevoelens van anderszijn zijn, wordt je hele leven een grote verering, een vorm van gebed, een loflied. De 'ander' verdwijnt en in zijn plaats zie je de latente toestand van verlichting, het diepste Zelf in de persoon die voor je staat. Je ervaart dan een diep gevoel van eerbied voor die persoon. In die toestand is niets onbelangrijk voor je. Alles heeft zijn speciale plaats. Je ziet het Hoogste Licht zelfs in een grassprietje schijnen."

Amma is zelf de levende belichaming van ieder woord dat Zij preekt. Amma knielt voor iedereen wanneer Zij darshan gaat geven en opnieuw wanneer de darshan over is. Ze accepteert iedere offergave die een toegewijde Haar geeft en buigt ervoor met eerbied en dankbaarheid, of het nu iets heel waardevol is, of een vrucht of gewoon een blaadje.

Wie heeft Amma niet Haar kinderen zien aanbidden aan het eind van Devi Bhava waarbij Ze bloemblaadjes over hen uitstrooit? Wie heeft er niet gehoord over het voorval waarbij Amma de man die geprobeerd had Haar te doden, opzocht toen hij in het ziekenhuis op sterven lag en hoe Ze hem liefdevol met Haar eigen handen te eten gaf? Duizenden mensen zijn er getuige van geweest hoe Amma Dattan de melaatse behandelde met Haar genezende speeksel. En in de begintijd vormden de toegewijden aan het einde van iedere Devi Bhava een rij rondom de kleine tempel en dan danste Amma drie keer rond de tempel en raakte de mensen aan en zegende hen als Ze voorbijkwam. Dattan wachtte achter de tempel met twee kannen water op Amma. Als

Amma voor de derde keer rondom de tempel kwam stopte Ze voor Dattan en goot het water over hem heen en gaf hem zo een bad.

Toen Amma in een bepaald jaar in Seattle verbleef, ging Ze op een ochtend om ongeveer half vier naar huis terug, nadat Ze vele uren darshan had gegeven. Toen Amma over het tuinpad naar de deur liep, sprong Ze plotseling terug en zei dat Ze op iets getrapt had. Ze boog voorover en vond een slak die Ze met Haar voet had aangeraakt en die licht gewond was. "O nee!" riep Ze uit. "Arm ding!" Ze pakte hem op en hield hem in haar handen die Ze tot een kom gevormd had. Ze keek bedroefd naar de kleine slak en zei: "Het vrouwtje van dit arme schepsel zal spoedig naar hem gaan zoeken. Ze zal erg bezorgd zijn en zich afvragen wat er met hem gebeurd is." Amma bleef verscheidene minuten naar de slak in Haar handen staren. Toen sloot Ze Haar ogen, hield de slak bij Haar voorhoofd en zette hem toen zachtjes onder een plant neer voordat Ze het huis binnenging.

Hoewel Amma één met God is, vereert Ze ieder wezen in de schepping als een manifestatie van God. Heeft men nog grotere voorbeelden nodig om geïnspireerd te worden?

Stamford, Connecticut

Het laatste programma in de Verenigde Staten werd gehouden in een klein huis bij Stamford in Connecticut. Amma gaf darshan zittend op een omgekeerd melkkrat met een asanadeken eroverheen gespreid.

Laat in de middag mediteerde Amma met de toegewijden naast een meer. Iedereen werd gestoord en had moeite om stil te zitten omdat de lucht vol zwermen bijtende muggen zat. Alleen Amma bleef onverstoord. Omgeven door een wolk van muggen zat Ze volkomen stil in een volledig geabsorbeerde stemming en Haar gezicht straalde van rust.

Amma is altijd bij jullie

Amma's eerste Amerikaanse toer liep ten einde. De avond voordat Amma de Verenigde Staten verliet wendde Ze zich tot een jonge vrouw in het huis waar Ze verbleef en vroeg: "Waarom ben je zo bedroefd?"

"Omdat Amma weggaat," zei de vrouw.

"Waarheen!" was Amma's onmiddellijke antwoord.

Vanaf Connecticut werd Amma naar JFK Airport in New York gebracht waar een groep toegewijden wachtten om Haar vol tranen vaarwel te zeggen. Voordat Amma door de paspoortcontrole ging, nam Ze ieder van hen teder in Haar armen.

Ze zei tegen hen: "Kinderen, Amma is altijd bij jullie. Iedere keer dat jullie aan Amma denken, kan Zij duidelijk jullie gezicht zien. En weet je," ging Zij verder, "in de ashram in India gaat Amma, iedere avond wanneer Ze gaat liggen om te rusten, naar al Haar kinderen over de hele wereld. Amma's kinderen zijn Haar zwanen en als een herder houdt Amma hen in de gaten en brengt iedere afdwalende zwaan terug in Haar kudde. Jullie zijn allemaal heel jonge vogeltjes en Amma houdt jullie onder Haar vleugels."

Toen Amma op het punt stond om door de paspoortcontrole weg te gaan, riepen er verschillende in de groep: "Amma, kom alstublieft naar ons terug!" Amma keek met veel affectie naar hen en zei: "Maak je geen zorgen, kinderen. Amma zal terugkomen." Ze groette hen met gevouwen handen boven Haar hoofd en zei zacht in het Engels: "Mijn kinderen...."

Nadat Amma zo de zaden van echte spiritualiteit in de grond van de Verenigde Staten van Amerika gezaaid had en in het hart van hen die naar Haar toe waren gekomen, vertrok Ze op 14 juli naar Europa, maar Haar subtiele aanwezigheid zou bij Haar kinderen blijven.

Binnen korte tijd had Amma een grote verandering in mensen tot stand gebracht. Hun hele kijk op het leven was veranderd. Zonder geleerde lezingen of toespraken met bloemrijke taal te geven, maar gewoon door Haar eenvoudige, onschuldige benadering, door met iedereen in contact proberen te komen, door Haar allesomvattende liefde, Haar aanwezigheid, aanraking en blik, kwam Amma blijvend in het hart van de mensen wonen. Hoewel Ze in Haar moedertaal, het Malayalam, sprak was taal of nationaliteit op geen enkele manier een belemmering. Wanneer Amma de mensen in Haar liefdevolle armen nam, stortten zij spontaan hun hart bij Haar uit. Zij gingen eenvoudig open en zij realiseerden zich dat er op hun een goddelijke boodschap overgebracht werd door iedere beweging van Amma. Haar ogen en Haar glimlach spraken tot hen. Iedere ademhaling van Haar leek iets goddelijks uit te drukken. Haar hele wezen communiceerde stilletjes met hen.

Europa

Parijs

Amma kwam in de vroege morgen van 15 juli 1987 in Parijs aan. Sarvatma (Jacques Albohair) en een paar andere toegewijden verwelkomden Amma op het vliegveld. Toen de toegewijden Amma naar zich toe zagen komen, stonden zij daar gewoon en staarden vol verwondering naar Haar. Zij wisten niets af van de Indiase gewoonte om de guru een bloemenkrans om te doen. Ze staarden gewoon onschuldig naar Amma en wisten niet wat ze moesten doen. Amma begroette hen met veel warmte als kinderen die lang kwijt geweest waren. Terwijl Ze wachtte tot de bagage door de douane gegaan was, ging Ze in een hoek van het vliegveld op de grond zitten en omhelsde iedereen. Ze stelde iedereen simpele vragen over hun gezondheid, waar ze woonden, enzovoorts. Ze daalde af naar hun niveau en praatte met hen op deze manier om het ijs te breken en om hen zich meer vertrouwd met Haar te laten voelen.

Toen de bagage georganiseerd was, brachten de toegewijden iedereen naar het huis van Kathy en Daniel Demilly in Dourdan buiten Parijs. Er wachtten een paar mensen op Amma bij het huis. Amma omarmde hen, praatte een tijdje met hen en trok zich toen terug naar Haar kamer om te rusten.

De eerste darshan vond later in de middag in de woonkamer plaats. Er waren ongeveer veertig mensen aanwezig. Amma zat op de grond en riep de toegewijden een voor een. Ze bracht met iedereen vijf tot tien minuten door, hield hen vast, liefkoosde hen, deed heilige as op hun voorhoofd, gaf iedereen een snoepje, sprak met hen en stelde vragen. Veel mensen, zowel mannen als vrouwen, jong als oud, stortten tranen in Amma's aanwezigheid. Zij waren diep geraakt want het was hun duidelijk dat Amma alles over hen wist, ieder detail van hun leven, hun verleden en toekomst en iedere gedachte in hun geest. En toch was er geen spoor van oordeel in Haar, alleen een oneindige, onvoorwaardelijke liefde die onmiskenbaar was, een liefde groter dan iedere liefde die zij ooit ontmoet hadden. Zij liet iedereen voelen dat hij of zij Amma's dierbaarste kind was.

Laat in de middag ging Amma naar Haar kamer en daar ging Ze door met het ontvangen van de mensen die eerder naar Haar toe gekomen waren en de wens te kennen gegeven hadden om privé met Haar te spreken.

Net als in de Verenigde Staten vonden bijna alle ochtendprogramma's in Europa plaats in het huis van mensen terwijl de avondprogramma's in verschillende zalen gehouden werden.

Problemen onder ogen zien

In Parijs vertelde een toegewijde Amma over zijn sterke verlangen om zijn baan op te geven vanwege de gespannen situaties die hij daar ervoer. Hij zei: "Amma, ik voel me hulpeloos en verward steeds wanneer ik met zoveel spanning om moet gaan. Wat suggereert U dat ik moet doen?"

Amma: "Steeds wanneer je met een moeilijke situatie geconfronteerd word, is je eerste instinct om te ontsnappen, om het op een of andere manier te vermijden en weg te rennen. Mensen denken dat ze door dat te doen van hun problemen af kunnen komen. Maar dat is niet zo. Zij kunnen voor een tijdje ontsnappen, maar vroeg of laat komen dezelfde moeilijkheden terug met een zelfs nog grotere kracht dan eerst.

Je moet begrijpen dat uitwendige situaties niet de kracht hebben om je pijn te doen. Pas wanneer de geest die situaties interpreteert, borrelt de pijn van binnen op. Een situatie wordt een probleem wanneer je het op de verkeerde manier interpreteert. Het is de bedoeling om de geest niet te laten interpreteren of commentaar geven op externe situaties. Dit is alleen mogelijk wanneer je de kunst van het getuige zijn leert.

Kinderen, jullie problemen liggen niet in de uiterlijke omstandigheden. Je kunt externe situaties niet vermijden. Zij zijn een deel van het leven. Bijvoorbeeld op een goede morgen loopt een oudere vrouw het huis van een getrouwd stel binnen. De man ziet haar en verheugt zich. 'O Moeder, wat fijn om U te zien!' roept hij uit. Maar zijn vrouw heeft helemaal niet zo'n vriendelijke gelaatsuitdrukking wanneer ze haar schoonmoeder ziet. Hoe verklaar je dit? Hoe kan dezelfde persoon zulke sterk verschillende reacties in twee mensen teweeg brengen? Ze liep alleen maar door de deur naar binnen! Het was eenvoudig een situatie. Maar voor de ene persoon werd het een blij ogenblik, terwijl het voor de ander de oorzaak van groot ongeluk werd. Voor de een was het een probleem, terwijl het voor de ander het tegenovergestelde was. De bedoeling is dus om de geest uiterlijke situaties niet te laten interpreteren of becommentariëren. Maar onze geest is zo zwak en geneigd tot oordelen dat we heel gemakkelijk het slachtoffer van situaties worden en misleid worden. Het probleem ontstaat wanneer je negatief op die situaties reageert. Met andere woorden de oorzaak van je narigheden ligt in jezelf. Trek de kreukels in de geest recht en dan zullen de uiterlijke kreukels vanzelf verdwijnen.

Soms komen er studenten die zeggen: 'Amma, mijn examen was een vreselijk probleem.' Amma vraagt ze dan: 'Waar is het probleem? Moet het op de vragenlijst gevonden worden? Nee, want er zijn anderen die erg goed geslaagd zijn voor hetzelfde examen. Het echte probleem ben jij zelf, omdat jij niet hard genoeg gestudeerd hebt. Dus was het voor jou misschien een probleem maar het was geen probleem voor hen die zich er echt voor ingespannen hebben en het onderwerp bestudeerd hebben.'

Veel mensen vertellen Amma dat ze problemen hebben met hun echtgenoot of echtgenote. Maar dezelfde echtgenoot of echtgenote is vaak een goede vriend voor iemand anders, een broer of zus voor iemand en een liefdevolle ouder voor hun kinderen. Voor de Pandava's was Krishna een goede vriend, terwijl de Kaurava's Hem als hun vijand beschouwden. Op dezelfde manier zagen de gelovigen Jezus als hun geliefde vriend en redder, terwijl anderen Hem als een bedreiging zagen. Zou je zeggen dat het probleem bij Krishna of Jezus lag? Nee, het probleem lag bij de Kaurava's en bij hen die aan Jezus twijfelden.

In het westen zijn mensen lang bevriend en als ze elkaar dan mogen, trouwen ze en krijgen kinderen. Ze zijn een tijd gelukkig, maar er ontstaan spoedig moeilijkheden. Conflicten gebaseerd op angst en kwaadheid beginnen zich te manifesteren. Zij willen allebei de situatie ontlopen en rennen weg. En dus eindigen zij met een scheiding. Na hun echtscheiding teren zij misschien nog een tijdje op zoete en pijnlijke herinneringen, maar het duurt niet lang voordat zij met iemand anders beginnen om te gaan en zij opnieuw door dezelfde cyclus van ervaringen gaan. Denk je eens in hoe vaak dit gebeurt. Mensen blijven elkaar uitschelden en elkaars fouten en zwakheden bekritiseren. Zij zijn zich er niet bewust van dat het probleem in henzelf ligt.

Je kunt nu van die persoon weglopen. Je kunt van het ene huwelijk naar het andere vluchten in de hoop dat je je moeilijkheden eindelijk achter je gelaten hebt, maar het zal niet lang duren voordat je dezelfde persoon vindt, dat wil zeggen iemand met dezelfde zwakheden en hetzelfde niveau van bewustzijn in een andere 'verpakking' en in een andere situatie. Je vindt het misschien zelfs erger dan eerst. Het uiterlijk van de persoon is veranderd, maar de inhoud, het niveau van bewustzijn in die 'verpakking', blijft hetzelfde. Dit komt doordat jij niet veranderd bent. Dus is het niveau van bewustzijn van de partners die je kiest hetzelfde als tevoren. Alleen het uiterlijk verschilt.

Tenzij er een aanzienlijke verandering in je bewustzijn plaatsvindt, en dus in je houding, zullen je problemen niet verdwijnen. Zij zullen overal blijven verschijnen en je voortdurend storen. Je geest zal doorgaan om je over te halen om uit de situaties van het leven te ontsnappen door je te misleiden met valse beloften over de toekomst.

Door een zeer algemene misvatting te veranderen, namelijk het idee dat je problemen in de uiterlijke situaties zitten, kun je je problemen voor eens en voor altijd verwijderen. Begrijp dat de moeilijkheden in je eigen geest gevonden moeten worden. Als je je hiervan eenmaal bewust wordt, kun je beginnen aan het proces van het verwijderen van je innerlijke zwakheden. Meditatie is de methode die gebruikt wordt om dit te bereiken. Alleen de innerlijke stilte, rust en ontspanning die je door meditatie krijgt, zullen helpen."

Op Amma's verzoek zongen de brahmachari's een lied genaamd *Shakti Mahadevi*.

Gegroet Shakti, de Grote Godin,
die men door devotie kan bereiken.
Ik groet het Zaad, de Ene Waarheid,
het Oneindige en Perfecte Bewustzijn.

O mijn Goddelijke lotus, linkeroog van Shiva,
Vervuller van alle wensen, Regeerder over allen,
die in alles schijnt, bescherm mij.

U bent de Godin van de hemelbewoners
en beschermt hen tegen alle verdriet.
U bent de Zuivere, die zelfs de Heer
van de Oceaan van Melk beschermt.

De Schepper doet Zijn werk alleen dankzij Uw blik.
Gegroet U die uit Brahma voortkwam als Sarasvati,
het Zaad van het hele universum.

Schepping, instandhouding en vernietiging
vinden plaats op Uw bevel.
O Vernietiger van het ego met acht facetten,
die dol is op het geluid van de vina.
Wanneer U kwaad bent, bent U ook dol op bloed.

U bent de Veda, het Absolute.
U bent in alle levende wezens.
U bent de uiteindelijke bevrijding.

Optimisme

Op een avond kwam er een vrouw tijdens de darshan naar Amma toe die Haar vertelde dat bijna al haar hoop voor het leven verdwenen was. Amma zei: "Mijn dochter, zolang je op God kunt vertrouwen, is het niet nodig om op te geven. Soms denk je misschien dat alle deuren voor je gesloten zijn, dat er geen uitweg is, maar als je zorgvuldig kijkt, zul je zien dat er nog veel deuren zijn die wijd open staan. Je richt je alleen op de gesloten deuren en zo mis je degene die voor je openstaan.

Leven en God zijn een en hetzelfde. Je bent Gods kind. God zou nooit alle deuren om je heen sluiten. Zijn onbeperkte liefde en mededogen staan hem niet toe om zo wreed te zijn. God houdt altijd meer dan één deur open. Ze lijken misschien gesloten, maar ze zijn in feite op een klein kiertje blijven staan. Slechts een zachte klop is genoeg om ze open te laten gaan. Maar onze ogen zijn verblind door onze onwetendheid. We zien de open deuren niet waardoor het licht van Gods genade binnenkomt.

Mijn kind, verlies nooit de moed. Verlies nooit je vertrouwen in God of het leven. Wees altijd optimistisch, in wat voor situaties je je ook bevindt. Het is heel belangrijk om optimistisch te zijn. Pessimisme is een vorm van duisternis, een vorm van een onwetendheid die Gods licht belemmert om in je leven te komen. Pessimisme is als een vloek, een bedrieglijke vloek geschapen door de misleidende geest. Het leven is vol met Gods licht, maar alleen door optimistisch te zijn zul je dat licht ervaren.

Kijk naar het optimisme van de natuur. Niets kan het tegenhouden. Ieder aspect van de natuur draagt onvermoeibaar zijn deel bij aan het leven. De deelname van een vogeltje, een dier, een boom of een bloem is altijd volledig. Wat de ontberingen ook zijn, zij blijven oprecht proberen. Alleen mensen zijn pessimistisch en dit veroorzaakt lijden.

Amma heeft een verhaal gehoord. Een schoenenbedrijf zond twee vertegenwoordigers naar een afgelegen eiland, waar alleen primitieve mensen woonden. Hun opdracht was om de verkoopmogelijkheden op het eiland te onderzoeken. Een tijdje later zond een van de verkopers een bericht naar het bedrijf: 'De mensen hier weten niet eens wat schoenen zijn. Ze dragen geen schoenen. De situatie is hopeloos. Ik kom terug!' Dit werd gevolgd door een bericht van zijn collega: 'Deze simpele mensen dragen geen schoenen. Ze weten er niets van af. Volop mogelijkheden. 100% kans! Zend me de eerste lading!'

Amma weet dat het niet gemakkelijk is om altijd optimistisch te zijn. Je vraagt je misschien af hoe het mogelijk is om optimistisch te zijn temidden van de vele ontberingen en het verdriet in het leven. Het is waar dat het moeilijk is, maar door pessimistisch te zijn kom je bij nog grotere wanhoop en duisternis uit. Alle kracht en helderheid van geest verdwijnen en in het duister van het pessimisme voel je je in de steek gelaten en afgezonderd. Optimisme is het licht van God. Het is een vorm van genade die je in staat stelt om opmerkzamer te zijn en het leven met grotere helderheid te bekijken."

Geduld en enthousiasme

Een vrouw die al lange tijd het spirituele pad bewandelde zei tegen Amma: "Amma, ik heb sinds 1973 meditatie beoefend, maar desondanks heb ik geen vooruitgang ervaren. Soms voel ik me zo teleurgesteld dat ik ophoud met mijn sadhana. Kunt U mij alstublieft advies geven?"

Moeder glimlachte en zei: "Helemaal geen vooruitgang?"

De vrouw antwoordde: "Wel...eigenlijk is er wel wat vooruitgang geweest."

"Hoeveel vooruitgang? Kun je er iets over vertellen?" vroeg Amma.

"Ik zal het proberen." De vrouw dacht even na. "Ik was gewoonlijk erg gevoelig en voelde me uiterst kwetsbaar. Maar sinds ik begonnen ben met mediteren en andere spirituele oefeningen, heb ik meer moed en zelfvertrouwen gekregen, denk ik."

"Je *denkt* het. Dochter, dat betekent dat je er niet erg zeker van bent."

De vrouw stond perplex. Ze zei: "Amma, U lijkt wel een opsporingsambtenaar!"

Amma lachte en antwoordde: "Ja, Amma verkent en onderzoekt je innerlijke zelf. Ze probeert het oude eruit te halen om het nieuwe te scheppen."

Amma keek de vrouw liefdevol aan. Ze sloeg Haar armen om haar heen en liefkoosde Haar hartelijk.

"Mijn dochter, een spiritueel zoeker moet veel geduld en enthousiasme hebben. Sommigen zijn geduldig, maar niet enthousiast. Anderen zijn enthousiast, maar missen geduld. Alleen

een perfect evenwicht tussen die twee zal een zoeker helpen om zijn ervaring te verdiepen.

Kijk naar de jeugd. Zij zijn erg enthousiast om dingen te doen maar ze hebben niet het geduld om dingen te overdenken. Het is geduld dat de poort naar scherpzinnig denken opent. Maar de jonge mensen hebben in hun eenzijdige enthousiasme de neiging om op dingen af te springen zonder er voldoende over na te denken. Hun zintuigen zijn sterk en gezond en hun egoïstische geest wordt door sensatie en avontuur aangetrokken, maar hun gebrek aan geduld en onderscheiding brengt hen vaak in moeilijkheden.

Aan de andere kant zijn oudere mensen die in de zestig of zeventig zijn, gewoonlijk erg geduldig, maar het ontbreekt hun aan enthousiasme. De ervaring heeft hun geleerd om geduldig te zijn en om dingen met meer onderscheid te doen. Ze zijn daarom veel bedachtzamer. Maar ze hebben niet het nodige enthousiasme om dingen te doen. Ze kunnen niet zo enthousiast als tieners zijn, omdat hun zintuigen verzwakt zijn, hun kracht achteruitgegaan is en zij de opwinding van het leven verloren hebben.

Kijk naar een dreumes die probeert om te gaan staan en te lopen. Het kind valt ontelbare malen. Hij faalt bij iedere poging. Hij kan zijn knie bezeren, met zijn hoofd op de vloer vallen en huilen, maar telkens opnieuw zal hij koppig proberen om overeind te komen en te lopen, totdat hij er eindelijk in slaagt. Hoewel het hem niet één keer, maar talloze keren niet lukt is hij zowel geduldig als enthousiast. Deze eigenschappen helpen het kind tenslotte om in zijn pogingen te slagen.

Een ander opmerkelijk punt is de voortdurende aanmoediging die het kind van zijn moeder krijgt. Gelukkig voor het kind is de moeder er altijd met aanmoedigende woorden die het kind vertrouwen en moed geven. Steeds wanneer de dreumes valt, zijn moeders liefdevolle handen er om hem op te pakken. Ze kust en liefkoost hem en zegt: 'Huil maar niet. Het is in orde. Moeder is hier.' Ze zet het kind neer en haalt hem over om het opnieuw te proberen. Dit gebeurt ontelbare keren voordat het kind uiteindelijk in staat is om op zijn eigen benen te staan en met stevige stappen te lopen.

De bemoedigende woorden van de moeder en geruststellende aanraking helpen het kind zich te ontwikkelen. Haar liefde geeft het kind de innerlijke kracht die het nodig heeft. Op dezelfde manier heeft een sadhak het geduld en enthousiasme van een kind nodig. Maar het belangrijkste wat hij nodig heeft is de liefdevolle aanwezigheid en aanmoediging van een Satguru om hem naar het doel te leiden. De aanwezigheid van de meester moedigt de sadhak aan om geduldig, enthousiast en optimistisch te zijn ten tijde van frustratie en gebrek aan hoop wanneer hij erover denkt om zijn sadhana op te geven.

Kinderen, jullie vasana's zijn uiterst sterk en diepgeworteld. Zij proberen telkens opnieuw om jullie naar beneden te trekken, maar geef de hoop nooit op. Wees vastberaden en ga verder.

Stel dat iemand lange tijd in een donkere kamer gezeten heeft. Dan komt hij op een dag naar buiten in het zonlicht. Om te beginnen zal hij het moeilijk vinden om aan het licht te wennen. Zijn ogen hebben tijd nodig om zich aan te passen. Evenzo hebben wij in deze wereld geleefd en gedacht dat we het lichaam zijn. We zijn er zo mee geïdentificeerd dat we het nu erg moeilijk vinden om ons aan die identificatie te onttrekken. We zijn zo gewend geraakt aan de duisternis van onze onwetendheid dat we het moeilijk vinden om naar buiten te komen in het licht van God.

De kracht van onze vasana's en eeuwenoude gewoonten is dusdanig dat we ons niet gemakkelijk uit hun grip kunnen bevrijden. Zodra de situatie zich voordoet, manifesteren de vasana's zich automatisch. Amma zal je een verhaal vertellen.

Er waren twee kinderen, een broertje en een zusje. Op een dag verkleedden zij zich in gewaden en zetten een papieren kroon op hun hoofd. Zij deden alsof zij de koning en koningin van het land waren. Zij liepen naar het huis van de buurvrouw en klopten op de deur. 'Wie is daar?' vroeg zij. 'Het zijn de koning en de koningin,' zeiden de kinderen. De buurvrouw besloot het spelletje mee te spelen. Ze opende de deur helemaal en zei: 'Uwe Hoogheden! Wat een grote eer. Als ik geweten had dat jullie zouden komen, dan had ik het rode tapijt uitgelegd en de trompetblazers geroepen.' 'Het doet er niet toe,' zeiden de kinderen. 'Laat ons gewoon binnen en geef ons iets te eten.' De vrouw leidde hen naar binnen en pakte twee stoelen voor hen. 'Gaat U alstublieft op Uw tronen zitten, Uwe Hoogheden,' zei ze. De 'koning' en de 'koningin' gingen met grote waardigheid zitten. De vrouw bracht hun zelfgebakken koekjes en melk. 'Hier zijn wat lekkernijen die geschikt zijn voor leden van het koninklijke huis,' zei ze. De koning en de koningin knikten goedkeurend. De koekjes zagen er prachtig uit in de vorm van verschillende dieren. Er was een grote afwisseling aan beren, katten, vissen, eenden en lammetjes, maar er was slechts één olifant. En omdat er maar één olifantkoekje was, wilden de koning en de koningin dat allebei hebben. Zij grepen er allebei naar, maar de koningin had het het eerst te pakken. Dit maakte de koning zo kwaad dat hij zijn melk over de koningin heen gooide. De koningin greep een handvol koekjes en smeet die over de koning. Spoedig bombardeerden zij elkaar met koekjes en toen sprongen zij van hun troon af en begonnen serieus te vechten. Hun kronen vlogen af en hun gewaden scheurden. Zij waren niet langer de koning en de koningin van het land, maar alleen twee kinderen die om een koekje vochten.

Alleen voortdurende oefening die met groot geduld en enthousiasme gedaan wordt, zal je in staat stellen om latente neigingen en oude gewoonten te overwinnen. Boven alles heb je de genade en de liefdevolle leiding van een Satguru nodig. Geef je spirituele oefeningen nooit op enkel vanwege de frustratie of teleurstelling van het moment. Wat voor sadhana je ook doet, het resultaat kan niet verloren gaan. Alles wat je gewonnen hebt blijft bij je en zal op het juiste ogenblik vrucht dragen."

Amma sloot Haar ogen en raakte geabsorbeerd in een toestand van meditatie. Na enige tijd opende Ze Haar ogen weer en begon het lied *Karunalaye Devi* te zingen.

> *O Godin, Zetel van Mededogen,*
> *Schenkster van alles wat wij verlangen,*
> *O Katyayani, Gauri, Sambhavi, Sankari!* 14
>
> *Liefste Moeder, Essentie van Om,*
> *U aanbidt de klank Om.*
> *O Moeder, wanneer U de mantra 'Om Shakti' hoort*
> *komt U aanrennen!*
> *O Grote Kracht van universele illusie.*
>
> *U bent de Oorzaak van de schepping,*
> *instandhouding en vernietiging van het universum.*
> *O Moeder, alles is U.*
> *U bent alles.*
> *Er is niemand anders dan U.*
> *O Moeder, deze smekeling heeft alleen U als steun,*
> *het Zelf van alle Gelukzaligheid.*
> *O Gelukzalig Zelf, schenk mij een prachtige gunst.*

Zürich

In Zürich verbleef Amma bij Heidi Fürer. Het eerste avondprogramma werd in haar huis gehouden. Heidi had Amma in 1984 in de ashram in India bezocht.

---

14 Namen van de Goddelijke Moeder.

Hoewel het zomer was, was het koud in Zürich. De brahmachari's en de andere Indiase toegewijden die met de groep meereisden, waren niet aan de kou gewend. Ze droegen truien en mutsen, maar dat hielp niet veel. Ze hadden het zo koud, dat het moeilijk voor hen was om 's morgens uit hun slaapzak te komen.

Hier en Nu

Tijdens het eerste avondprogramma stelde een jongeman Amma een vraag:

"De meeste spirituele meesters vertellen hun leerlingen om het verleden en de toekomst te vergeten en om in het huidige moment te leven. Ze onderwijzen vele verschillende technieken om de mensen te helpen om van moment tot moment te leven. Helaas zitten de meesten van ons aan het verleden vast en piekeren eindeloos over de toekomst. Hoe is het mogelijk voor gewone mensen die bezorgd zijn over hoe ze hun rekeningen, hun verzekering, hun huur of betalingen van het huis en het onderwijs van hun kinderen moeten betalen, om op te houden om ongerust te zijn over al deze basisbehoeften van het leven en zich tegelijkertijd volkomen vredig te voelen? Is het niet de angst voor de toekomst die iemand ertoe aanzet om te werken, geld te verdienen en goed te zorgen voor zijn behoeften en verplichtingen? Zijn het niet zijn ervaringen uit het verleden die hem ertoe bewegen om in de toekomst voorzichtig te zijn en ervoor te zorgen dat zijn fouten niet herhaald worden? Hoe is het voor iemand onder zulke omstandigheden mogelijk om in het huidige moment te leven en het verleden en de toekomst volledig te vergeten?"

Amma: "Wat jij gezegd hebt over de zorgen van de meeste mensen is correct. Niemand kan de realiteit van de dagelijkse zorgen van een gewoon iemand ontkennen. Ervaringen uit het verleden helpen iemand zeker om zijn toekomst te vormen. Het is ook waar dat zijn dromen over de toekomst hem inspireren om te werken om die dromen te vervullen. Maar de echte vraag is of het enig nut heeft om het verleden te betreuren of angstig over de toekomst te zijn. Je kunt je toekomst plannen op grond van de ervaringen die je hebt gehad en de lessen die je in het verleden geleerd hebt, maar je hoeft niet in het verleden of de toekomst te verblijven.

Je kunt je avondeten plannen, maar niet terwijl je je middageten klaarmaakt. Denk er niet aan hoeveel zout je in het avondeten zult gebruiken terwijl je het zout in de soep doet die je nu kookt. En betreur het niet dat de soep die je gisteren gemaakt hebt, geen succes was. Concentreer je gewoon op de soep die nu op het fornuis staat te koken. Je wil dat die gezond en lekker wordt, nietwaar? Wees dus alert en je bewust van dit moment.

Deze leer over het leven in het huidige moment kan van twee verschillende kanten bekeken worden: van die van een gewoon iemand die beroepsmatige, sociale en gezinsverantwoordelijkheden heeft, en van het standpunt van de sadhak die uitsluitend Godsrealisatie wil.

Voor een gewoon iemand die wereldse verantwoordelijkheden heeft is het niet mogelijk om het verleden en de toekomst volledig te vergeten. En dat hoeft hij ook niet. Maar ook bij zo iemand belemmert te veel storing uit het verleden en de toekomst hem om zijn taken in het heden goed te vervullen. Een handeling vindt altijd in het huidige moment plaats. Om dat goed te kunnen uitvoeren waarbij je al je talenten en capaciteiten benut, moet je je voor honderd procent op het werk voor je concentreren. Over iets anders piekeren of dromen zal het werk hinderen. Voordat je aan het werk begint moet je nadenken over verwante fouten of mislukkingen uit het verleden en je voorbereiden op het werk dat je gaat doen. Alle berekeningen moeten van te voren gedaan worden. Maar wanneer je eenmaal met het werk begonnen bent, moet al je aandacht gaan naar wat je nu aan het doen bent. Als je je tussendoor iets moet herinneren, pauzeer dan, ga naar de opslagplaats van het verleden en zoek wat je moet weten. Kom daar dan weer uit en ga door met waar je mee bezig was en stop je hele hart en ziel erin. Blijf niet bij je herinneringen, bij je verleden. Om je volledig uit te kunnen drukken, moet je in het moment aanwezig zijn. Neem bijvoorbeeld een schilder die probeert om de schoonheid van een landschap vast te leggen. Als hij onder het schilderen aan zijn vriendin denkt, zal hij een middelmatig werk maken omdat zijn hart er niet in is. Zijn aandacht is verdeeld.

Een vrouw was op weg naar de markt met een mand eieren op haar hoofd. Toen ze over de weg liep begon ze te dagdromen: 'Ik zal deze eieren voor een goede prijs verkopen. Met het geld kan ik nog een paar hennen kopen. Die hennen zullen zoveel eieren leggen dat ik spoedig een koe kan kopen. Die koe zal zo veel melk geven dat ik het me weldra kan veroorloven om meerdere koeien te kopen. Van het geld dat ik van al die melk krijg zal ik een boerderij kopen. De boerderij zal me zo rijk maken dat ik een prachtige villa zal kunnen kopen. Dan zal ik zo rijk zijn dat vele jongemannen me achternazitten. Wanneer ik hen op straat tegenkom, zal ik met mijn heupen wiebelen en zo wandelen...' En toen de vrouw met haar heupen wiebelde, viel de mand van haar hoofd en alle eieren lagen kapot op de grond.

Mensen hebben een diepe neiging om over de toekomst te dromen, om weg te zweven op de vleugels van verbeelding. Dromen zijn van de toekomst. Dromen kan je inactief en incompetent maken. Voor dromen is geen inspanning nodig. Als je niets anders te doen hebt, kun je eenvoudig gaan zitten dromen over naar de maan gaan, een mooie prinses trouwen of je tegenstander verslaan. Het is de aard van de geest om over het verleden te piekeren en om over morgen te dromen. Zelfs een normaal succesvol, actief iemand kan gemakkelijk in de greep van het verleden en de toekomst komen. De mensen weten niet hoeveel energie zij verspillen door in zulke gedachten onder te gaan. Het is een grote fout als je over het verleden of de toekomst blijft denken terwijl je met een bepaalde activiteit bezig bent. Je kunt heel getalenteerd en succesvol zijn in wat je doet, maar wanneer je je aan zulke dagdromen overgeeft, dood je de helft van je talenten in plaats van je volledige capaciteit te gebruiken. Om volledig te functioneren en volledig en perfect in je activiteiten te zijn, moet je leren om in het huidige moment te leven. Dan zal je totale bekwaamheid gericht worden op wat je doet.

Zij die alleen Godsrealisatie willen, maken zich niet druk om het verleden of de toekomst. Hun wens is om in het huidige moment te zijn, want daar is God. Daar kunnen perfecte rust en gelukzaligheid gevonden worden. Door in dit moment te zijn bereik je perfecte stilte en kalmte in jezelf. Het verleden en de toekomst zijn bewegingen van de geest. De geest beweegt zich van het verleden naar de toekomst en weer terug als de beweging van een slinger van de ene kant naar de andere. Het echte middelpunt van het bestaan wordt ervaren wanneer de slinger van de geest een rustpunt bereikt. De geest bereikt een toestand van rust wanneer hij in het huidige moment rust. Die rust of dat middelpunt is waar iedere echte zoeker naar smacht en daarom maakt hij zich niet druk om het verleden of de toekomst. Hij richt zich op het hier en nu. Dat staat bekend als herinnering van God. Herinnering van God kan alleen plaatsvinden wanneer je het verleden loslaat en ophoudt om over de toekomst te dromen. Dan houdt de slinger van de geest op met heen en weer slingeren. Hij bereikt een rustpunt en je verblijft in de stilte van het huidige moment."

Schweibenalp

Amma bracht negen dagen in Schweibenalp in de Zwitserse Alpen door. Vanuit heel Europa waren mensen daarheen gekomen om

Amma te zien. Er kwamen veel gezinnen en er waren veel kinderen. De kleine zaal die voor Amma's darshan gereedgemaakt was zat propvol met mensen. Ze waren blij en enthousiast. Velen van hen dansten en zongen in Amma's aanwezigheid alsof zij in de zevende hemel waren. Omdat er mensen uit heel Europa gekomen waren werden Amma's satsangs vertaald in het Engels, Duits en Frans. Het was in de Alpen zelfs nog kouder dan in Zürich. De brahmachari's en Indiase toegewijden liepen klappertandend rond en droegen wollen mutsen en verschillende lagen dikke kleren.

Wonderen

Tijdens de eerste ochtenddarshan werden er een paar vragen gesteld.

"Amma, zou U iets over wonderen kunnen zeggen? Wat is een wonder precies?"

Amma: "Wonderen worden gewoonlijk aan godmensen toegeschreven. Er is een wijdverbreid geloof dat alleen een goddelijk wezen een wonder kan verrichten en dat wonderen een essentieel onderdeel van zo iemand zijn. Mensen geloven zelfs dat als iemand geen wonderen verricht, hij geen mahatma kan zijn, hoewel hij in feite gerealiseerd kan zijn. Maar wat wij als wonder beschouwen kan wel of kan niet plaatsvinden in de aanwezigheid van de echt groten, omdat zij echt niet veel om zulke dingen geven. Zij hebben niets te winnen of te verliezen door wonderen te verrichten. Zij geven niet om naam of faam en ook willen zij niemand behagen of ergeren. Als het gebeurt is het prima, als het niet gebeurt is het ook prima. Vandaag de dag is het vertrouwen van de mensen in God echter af gaan hangen van de wonderen van een gerealiseerde meester of een godmens. Helaas zijn er ook zogenaamde gurus van wie het de enige bedoeling is om mensen uit te buiten en over hen te heersen. Zij richten de aandacht graag op zichzelf door in het openbaar allerlei wonderen te verrichten.

Absolute beheersing van de geest is hetzelfde als heerschappij over het universum. Alles in de schepping is gemaakt van de vijf elementen: vuur, water, aarde, lucht en ether. Als je eenmaal Godsrealisatie bereikt hebt, staan alle elementen onder je controle. Zij worden je gehoorzame dienaren. Als je wil dat iets in een berg verandert, zal dat gebeuren of als je een andere wereld wil scheppen is dat ook mogelijk. Om dit te laten gebeuren hoef je eigenlijk niet het eindpunt, namelijk realisatie, te bereiken. Je kunt deze bekwaamheid zelfs daarvoor al krijgen.

Wanneer je je met absolute doelgerichtheid op bepaalde aspecten van de vijf elementen kunt concentreren en die doelgerichtheid kunt handhaven terwijl je het object waarop je je concentreert scheidt van zijn innerlijke essentie, dan zul je de essentie van alles weten en het kunnen beheersen. Je zult *siddhi's* (bovennatuurlijke krachten) ontwikkelen waardoor je bijvoorbeeld iemands geest kunt lezen, dingen kunt zien en horen die ver weg gebeuren, fysieke voorwerpen materialiseren, alles over het verleden en de toekomst weten, iedere taal begrijpen, inclusief de taal van dieren, je zo licht als een veertje maken of zo zwaar als een berg en door de ruimte bewegen met iedere snelheid of over iedere afstand.

In de Indiase epen komt een heilige voor genaamd Vishvamitra. Voordat Vishvamitra een wijze werd was hij koning. Eens ging hij op een jachtexpeditie met een grote groep soldaten. Toen de jacht over was waren zij allemaal uitgeput en moesten rusten. De koning herinnerde zich dat de grote wijze Vashishta een kluizenaarshut in dat gebied had en hij leidde zijn soldaten daarheen. Vashishta had een goddelijke koe genaamd Nandini die iedere wens van de heilige kon vervullen. Dus toen Koning Vishvamitra met zijn leger bij de hut aankwam, speelde Vashishta het klaar om hun allemaal in minder dan geen tijd een geweldig feestmaal op te dienen met behulp van zijn wensvervullende koe. Vishvamitra was met stomheid geslagen over de kracht van de koe. Hij dacht bij zichzelf dat zo'n kostbaar schepsel aan de koning van het land moest toebehoren, aan hemzelf, en niet aan een wijze die afstand van de wereld gedaan had en daarom niets nodig had. Hij bracht zijn gedachten aan de heilige over die de koning onmiddellijk toestond om de koe mee te nemen. Maar toen de koning probeerde om de koe weg te leiden, protesteerde het dier. Zij bewoog geen centimeter. Alle pogingen van de koning om haar mee te nemen naar het paleis, faalden. De koning werd woedend en probeerde de koe met geweld mee te slepen met behulp van zijn soldaten. Maar Nandini reageerde door duizenden volledig bewapende soldaten uit haar eigen lichaam te creëren. In de slag die volgde versloegen Nandini's soldaten het leger van de koning. Omdat de koning begreep dat de koe haar kracht aan de grote heilige ontleende, was hij woedend en begon hijzelf met de heilige te vechten. Hij begon pijlen en andere krachtige projectielen op Vashishta af te schieten. Maar de wijze bleef onbewogen. Met een stralende glimlach op zijn gezicht stond de heilige stevig op de grond. Hij hield zijn *yogadanda* (de stok van een yogi) in zijn hand. Er was geen gedachte van vijandschap, kwaadheid of haat in Vashishta's geest, omdat hij een echte heilige was die voorbij het ego en al zijn negatieve gevoelens was. Alle krachtige wapens die de koning naar hem toe wierp bleken geen doel te treffen door zijn simpele houten stok. De koning was spoedig ontwapend en verslagen. Hij voelde zich diep vernederd. Hij was getroffen door het feit dat, hoewel hij de machtigste koning van zijn tijd was, zijn machtige militaire strijdmacht en al zijn wapens niets waren voor een grote heilige als Vashishta die ongelofelijke spirituele kracht had die hij door strenge *tapas* (ascese) verkregen had. De koning ging terug naar het paleis en kookte van woede. Hij deed afstand van de troon en trok zich terug in het bos om intense tapas te doen. Het enige doel van zijn tapas was om wraak te nemen op de heilige.

Volgens het verhaal deed Vishvamitra strenge tapas en keerde toen terug naar de wereld om wraak te nemen op Vashishta. Maar iedere keer dat hij dat probeerde eindigden zijn pogingen in een mislukking. Telkens opnieuw deed hij meer tapas en maakte zijn oefeningen steeds intensiever. Hij was nooit ontmoedigd door zijn mislukkingen. Hij ging gewoon nog meer ascese doen. Hierdoor ontwikkelde hij zulke siddhi's (yoga-vermogens) dat hij er op een gegeven moment zelfs in slaagde om een andere hemel te scheppen, een wereld vol kortstondige genoegens om Vashishta uit te dagen. Vishvamitra verrichte talrijke wonderen, maar zijn dwangmatige kwaadheid op de heilige en het voortdurend verrichten van wonderen creëerden talloze hindernissen op zijn weg.

Tenslotte veranderde zijn houding echter en hij bereikte uiteindelijk Zelfrealisatie. Dit kon alleen gebeuren nadat hij erin geslaagd was om ieder besef van ego en kwaadheid te verwijderen en hij voorbij de bekrompen gevoelens van 'ik' en 'mij' gegaan was; toen hij zijn wraakzuchtige gevoelens tegenover de wijze opgegeven had en geleerd had om iedereen gelijk lief te hebben; toen hij ophield zijn vermogens te gebruiken om anderen te schaden en in plaats daarvan zijn krachten gebruikte voor het welzijn van iedereen en hij voor de hele wereld van nut was.

Er zijn twee aspecten aan dit verhaal. Het eerste toont hoe echt de wijze Vashishta was. Hij was een gerealiseerde meester. Hij had de beschikking over alle goddelijke krachten en toch had hij geen ego. Hij had geen kwade gevoelens tegenover Vishvamitra die voortdurend probeerde om hem aan te vallen en te beledigen. In feite zeggen de epen dat Vashishta ondanks alle vernederingen waarmee Vishvamitra hem overstelpte, zijn grootheid en vastberadenheid bij verschillende gelegenheden prees.

Aanvankelijk was er een groot verschil tussen de twee mannen. Terwijl Vashishta een perfecte toestand van geestelijk evenwicht onder alle omstandigheden handhaafde, ging Vishvamitra's woede in hem tekeer ondanks al zijn prestaties. Vishvamitra onderging geweldige ascese en verkreeg geweldige spirituele krachten. Hij kon fantastische wonderen verrichten maar door dat te doen verloor hij alle kracht die hij door tapas verkregen had. Hij was ook voortdurend opgewonden door zijn wraakzuchtige gedachten tegenover Vashishta. Hierdoor had hij lange tijd nodig om de toestand van uiteindelijke bevrijding te bereiken vergeleken met de intensiteit van zijn tapas. Vashishta aan de andere kant was altijd gelukzalig en rustig en hoewel hij ook zijn goddelijke vermogens gebruikte, wanneer en waar de noodzaak ontstond, verloor hij er niets door. Vashishta was *purnam* (volledig, volmaakt). Hij was één met de Kosmische Kracht. Zijn spirituele kracht was onuitputtelijk en tegelijkertijd was hij zonder ego.

Nandini, de goddelijke koe die iedere wens kon vervullen, stelt materiële welvaart voor. Dit betekent dat wanneer je eenmaal de uiteindelijke toestand van Zelfrealisatie bereikt hebt, de hele wereld met al zijn rijkdom je zal dienen maar omdat je voorbij alle verlangens bent, gebruik je die rijkdom voor het welzijn en de verbetering van de samenleving als geheel.

Iemand kan wonderbaarlijke vermogens bezitten, maar zolang hij in de greep van het ego en het gevoel van 'ik' en 'mijn' is, zijn die vermogens nutteloos omdat zijn fundamentele aard onveranderd blijft en hijzelf niemand kan veranderen of transformeren. Zo iemand kan niemand op het pad naar goddelijkheid leiden. Iemand die zijn krachten misbruikt kan alleen destructief zijn en de samenleving schade toebrengen. Door zijn krachten in strijd met de wetten van de natuur te gebruiken, plaveit hij onvermijdelijk de weg naar zijn eigen ondergang.

In feite verstoort men de wetten van de natuur door het verrichten van wonderen. Natuurlijk is een gerealiseerde ziel vrij om dat te doen omdat hij één is met de Kosmische Kracht, maar hij doet het alleen als het absoluut noodzakelijk is en geeft er de voorkeur aan om er zoveel mogelijk van af te zien.

Toen de *rishi's* (oude zieners) in de hoogste staat van meditatie waren en hun geest helemaal afgestemd was op de Universele Energie, zagen zij de mantra's, de zuivere goddelijke vibraties die de essentiële principes van het universum zijn. De rishi's zijn degenen die deze wetten aan het licht brachten voor de verheffing van de samenleving en het welzijn van de mensheid.

De regering stelt met de hulp van bestuursdeskundigen de grondwet van een land op en zijzelf moeten zich aan de regels en bepalingen houden die ze geschapen hebben. Zo ook moeten de rishi's om een voorbeeld te geven zich houden aan de essentiële principes die zij zelf hebben onthuld, zonder ze te overtreden en te verstoren.

De hindoe-epen als de *Ramayana, Mahabharata* en de *Srimad Bhagavatam* bevatten verhalen over vele koningen, duivels, halfgoden en valse meesters die grote krachten hadden maar anderen alleen kwaad konden doen. Hoewel zij niet gerealiseerd waren, maar vastzaten in hun ego, hadden zij bepaalde vermogens. Vanwege hun occulte vermogens, werden zij helemaal meegesleurd door hun ego. Zij waren een vloek voor de mensheid. Uiteindelijk mislukten zij en gingen ten onder. Dus iemand kan bovennatuurlijke vermogens hebben zonder dat hij perse gerealiseerd hoeft te zijn.

Spiritualiteit is niet bedoeld om het ego te voeden. Integendeel, spiritualiteit bevrijdt ons van het ego. Het leert je om eraan voorbij te gaan. Iedereen kan occulte vermogens ontwikkelen door bepaalde oefeningen te verrichten die door de geschriften voorgeschreven worden. Maar echte spiritualiteit is iets dat ver boven zulke zaken uitgaat. Het is een toestand waarin je volledig vrij bent van alle gebondenheid aan het lichaam, de geest en het intellect. Het is de innerlijke ervaring van de Hoogste Waarheid. Als je dat eindpunt eenmaal bereikt hebt kun je geen negatieve gevoelens koesteren zoals kwaadheid, haat of wraakzucht. In die toestand verblijf je in goddelijke liefde en vrede ongeacht de uiterlijke omstandigheden. Waar je ook bent je straalt diezelfde liefde en vrede naar iedereen uit. Je liefde, mededogen en rust zullen mensen transformeren. Een verlicht iemand kan de onwetenden wijs maken, sterfelijken in onsterfelijken veranderen en de mens in God. Dat is het echte wonder dat in de aanwezigheid van een mahatma plaats vindt.

Voorbij het ego gaan is één worden met het universum. Je wordt zo uitgestrekt als het universum. Je duikt diep in zijn geheime mysteries en realiseert de uiteindelijke Werkelijkheid. Je wordt de meester over het universum.

In de aanwezigheid van een gerealiseerde meester kunnen er spontaan wonderen gebeuren. Het is gewoon een natuurlijke uitdrukking van hun wezen. Wanneer een gerealiseerde persoon een *sankalpa* (besluit) neemt, moet het zich manifesteren. Alles wat hij denkt, ontstaat onherroepelijk. Als hij het wil kan hij alles transformeren in wat hij maar wil."

Vraag: "Amma, U zei dat de rishi's de mantra's gezien hadden. Wat betekent dit? Hebben zij de mantra's niet geschapen?"

Amma: "Nee, de mantra's hebben altijd bestaan. Zij zijn de eeuwige principes. Zij zijn zonder begin en zonder einde. Zij zijn niet geschapen, noch zullen zij ooit vernietigd worden. Daarom zegt men van de *Veda's* dat zij zonder begin en zonder einde zijn. Niemand heeft hen geschapen. De gedrukte tekst heeft niet altijd bestaan, maar de goddelijke trillingen of mantra's die de Veda's vormen, hebben altijd bestaan. Zij werden ons door de rishi's gewoon bekendgemaakt. Wanneer we zeggen dat zij 'zagen,' betekent dat dat zij de Veda's in hun hart ervoeren, toen hun hele wezen één was met het hoogtepunt van het bestaan. Zij ervoeren wat er reeds was. Dus hebben zij de Veda's niet geschapen (*mantra kartha*)[15] maar zij zagen of ervoeren die (*mantra drishta*).[16]

Toen de astronauten op de maan landden, ontdekten zij niet een nieuwe maan. Zij maakten ons bekend wat er al was. Zij zagen en ervoeren de maan en toen brachten zij door foto's en woorden aan ons over wat zij zagen. Hetzelfde geldt voor de mantra's."

De brahmachari's begonnen *Radhe Govinda Gopi Gopala* te zingen en Amma zong voor.

> *Gegroet Radhe Govinda,*
> *Heer van de koeien,*
> *Gegroet Koeienherder,*
> *Zoon van Nanda*
> *Heer van Mira Bai,*
> *fluitspelende Koeienherder,*
> *die de Govardhanaheuvel optilde,*
> *Gopala, Heer van de koeien,*
> *Gegroet Radhe Govinda.*

Zijn wonderen van belang?

Vraag: "Amma, moeten wonderen aangemoedigd worden of zijn zij obstakels op het spirituele pad?"

---

[15] *Mantra kartha* = schepper of schrijver van een mantra. Het Sanskriet woord 'kartha' betekent 'doener' of 'schrijver.' De rishi's zijn geen mantra kartha's.
[16] *Mantra drishta* = waarnemer van een mantra. Het woord 'drishta' betekent 'ziener' of 'waarnemer.' Het is afgeleid van de wortel 'drish' wat 'zien' betekent. Het impliceert dat de mantra's altijd op het subtiele niveau bestaan hebben en de rishi's ontdekten die, d.w.z. zij namen die waar. De rishi's zijn dus mantra drishta.

Amma: "Voor een gewoon iemand kunnen wonderen soms helpen om vertrouwen in een Hogere Macht te krijgen. Maar men kan het vertrouwen dat alleen op wonderen gebaseerd is, ook gemakkelijk verliezen wanneer de wonderen uitblijven. Wat als God of een mahatma die één met God is, die alomtegenwoordig is, almachtig en alwetend, besluit om een verwacht wonder niet te verrichten? Dat kan gebeuren omdat zo'n ziel aan niemand iets verschuldigd is en niets te winnen of verliezen heeft door wonderen te verrichten. Het maakt voor God of een grote heilige niets uit of mensen in Hem geloven of niet. Hij heeft ons vertrouwen en onze dienstbaarheid niet nodig. Wij zijn het die Zijn genade nodig hebben. Maar zijn genade kan alleen door vertrouwen verkregen worden.

Een volmaakte meester heeft niets van ons nodig want hij is volledig zoals hij is. Wij zijn het die Zijn genade nodig hebben om ons te zuiveren en te verheffen. Ons vertrouwen moet niet alleen van wonderen afhangen. Vertrouwen omwille van het vertrouwen en liefde omwille van de liefde is de meeste gezonde en wijze benadering.

Ons vertrouwen moet zowel in het hart als in het verstand geworteld zijn. Voor een echte sadhak zijn zowel devotie als intellectuele kennis nodig, tenzij wij natuurlijk dezelfde intense liefde, het totale vertrouwen en de overgave hebben als de Gopi's van Vrindavan. Hoewel hun liefde in het begin een soort blinde liefde was, ontwikkelde het zich geleidelijk tot *tatwatille bhakti* (devotie die gebaseerd is op de essentiële principes van spiritualiteit), wat bhakti gebaseerd op jnana is.

We moeten zowel liefde als respect voor God of een perfecte spirituele meester voelen – liefde vanuit het hart en respect dat ontstaat door begrip van de allesdoordringende, almachtige en alwetende aard van de meester. Alleen dan zullen we het volle profijt uit zijn aanwezigheid halen. Het is de vermenging van liefde en kennis die ons helpt de genade van God of een echte meester volledig in ons leven te ervaren. Maar die innerlijke ervaring van Gods gelukzalige aanwezigheid kan men niet ervaren als men te veel door wonderen geobsedeerd is.

Wonderen hebben wel hun plaats, maar we moeten er niet te veel belang aan hechten. De mensen hebben de neiging om te gehecht te raken aan zulke dingen. Wanneer dit gebeurt, verliezen zij het juiste perspectief en worden de wonderen zelf het enige punt van aandacht.

Mensen die te veel verlangens hebben, hebben de neiging om te veel belang aan wonderen te hechten. Hun vertrouwen is niet diep. Te veel wonderen zullen alleen helpen om nog meer verlangens in de geest van zulke mensen te scheppen en hun verlangens leiden alleen tot verdriet en lijden.

Echte spiritualiteit is voorbij alle verlangens gaan, de geest en zijn gedachten transcenderen. Daar verlangt een echte aspirant naar. Een echte zoeker is niet tevreden met iets dat minder is dan de toestand voorbij de geest. Wonderen kunnen je niet helpen om die toestand te bereiken. Zij zullen alleen een belemmering zijn, omdat iemand die aan wonderen gehecht is, vastzit op het niveau van de geest en zijn eisen om gestimuleerd te worden. En dat is natuurlijk niet de uiteindelijke toestand.

Als de aspirant tijdens zijn spirituele zoektocht in zijn sadhana vordert, kan hij het vermogen om wonderen te verrichten ontwikkelen. Terwijl een minder oprechte zoeker in de kracht van zulke vermogens verstrikt kan raken, zal de echte zoeker die oprecht de Uiteindelijke Waarheid wil realiseren, zulke dingen negeren en ze transcenderen.

Mensen beschouwen het materialiseren van voorwerpen en het genezen van ziekten als het enige soort wonderen. Zulke dingen zijn natuurlijk een bepaald soort wonderen, maar het grootste wonder is de innerlijke transformatie die bij iemand plaatsvindt.

Mensen denken er niet over na dat het echte wonder bestaat uit het openen van je hart voor de ene Hoogste Waarheid. Als zij hun hart zouden openen, zouden zij het echte wonder ervaren. Zij zouden zich realiseren dat Gods genade er altijd is, ja, dat ze zelf God zijn en dat er ieder moment wonderen gebeuren.

Alles in de natuur is een prachtig wonder. Is een vogeltje dat langs de uitgestrekte hemel vliegt geen wonder? Is een piepklein visje dat in de diepten van de oceaan zwemt geen wonder? Helaas denken de mensen dat we alleen een vis die door de lucht vliegt, een wonder kunnen noemen!

Echte spiritualiteit en echte religie hebben weinig te maken met het verrichten van wonderen, noch is het aantal wonderen dat iemand verricht een maatstaf voor zijn goddelijkheid. Echte spiritualiteit is te vinden in de oneindige liefde en innerlijke rust die de meester op anderen overbrengt. Echte spiritualiteit wordt uitgedrukt als zuivere liefde en volmaakte gelijkmoedigheid. Alleen door liefde kan er een echte transformatie tot stand gebracht worden. Een harmonieus mengsel van onbaatzuchtige liefde en zuivere kennis zal alle misvattingen over spiritualiteit verwijderen."

In Amma's schoot

Een voor een werden de mensen door Amma geroepen en kwamen ze naar Haar toe. Er kwam een man naar voren en toen hij zijn hoofd in Moeders schoot legde, begon Zij te zingen: *Sri Krishna Sharanam Mama.*

> *Sri Krishna is mijn toevlucht,*
> *Sri Hari is mijn toevlucht.*

Ik buig diep voor Sri Krishna,
wiens aard Zijn-Bewustzijn-Gelukzaligheid is,
die de oorzaak is van de schepping, instandhouding en het
uiteenvallen van het Universum,
de Vernietiger van de drie vormen van lijden.

Ik ken geen andere Realiteit dan Sri Krishna,
die de fluit in Zijn hand houdt,
die mooi is als een frisse regenwolk,
die gele kleding draagt,
wiens lippen rood zijn als een aruna bimba vrucht,
wiens gezicht bekoorlijk is als de volle maan en
wiens ogen langwerpig als lotusbloembladen zijn.

Sri Krishna, hoe zoet is Uw Naam!
O Zoon van Nanda, hoe zoet is Uw Naam!
O Maan van Vrindavan.
Sri Krishna is de Naam die U dierbaar is.
Al deze Namen zijn U dierbaar.

Overwinning voor Radha Govinda!
Overwinning voor Radha Gopal!
Govinda, Govinda, Goparipal.
Sommigen noemen U de zoon van Vasudeva,
anderen noemen U de zoon van Nanda.

Op de oevers van de Yamunarivier
bespeelt het Kind Krishna de fluit zo zoetjes.
Sri Krishna is een Naam die U dierbaar is.
'Hij die van dansen houdt'
is een Naam die U dierbaar is.
'Beschermer van de heiligen'
is een Naam die U dierbaar is.

Amma ging plotseling in een toestand van extase en in die toestand bleef Ze minstens tien minuten zingen. Ze bleef het refrein van het lied herhalen: "*Sri Krishna Sharanam Mama, Sri Hari Sharanam Mama...*" Aan het eind van het lied was Ze in een diep geabsorbeerde stemming, die nog eens tien minuten duurde. Toen Amma tenslotte Haar ogen opende, knielde de man die al deze tijd darshan gekregen had, nog steeds voor Haar en rustte in Haar schoot. Amma tikte hem vriendelijk op zijn schouder als een teken dat hij op moest staan. Hij bewoog zich niet. Opnieuw tikte Amma op zijn schouder, maar er was geen reactie. Amma zei tegen hem: "Zoon, sta op." Maar er gebeurde niets. Amma gebruikte wat meer kracht door zijn hoofd een beetje op te tillen en luider te roepen "Zoon!" Deze keer sprong hij met een schok op. Hij zag eruit alsof hij net uit een andere wereld was gekomen. Hij wreef zijn ogen uit en keek verward rond. Iedereen dacht dat hij begreep wat er met hem gebeurd was, dat hij in Amma's schoot diep in slaap gevallen was en ze lachten hartelijk. Amma barstte ook in lachen uit, maar een ogenblik later toen Zij de onschuldige, hulpeloze uitdrukking op zijn gezicht zag, pakte Ze zijn hand en liet hem op de grond naast Haar stoel zitten en Ze legde zijn hoofd liefdevol terug in Haar schoot. Toen het gelach langzaam bedaarde, ging de man overeind zitten en ging Amma verder met darshan geven.

Toen de volgende persoon Moeders darshan ontving, wendde Zij zich tot Amritatma en zei: "Hij was in een staat van gelukzaligheid."

Slechts een paar mensen kwamen te weten wat er werkelijk gebeurd was. Toen de man in Amma's schoot rustte, was Zij begonnen met zingen. Na een minuut of twee had hij plotseling de ervaring dat Amma's schoot groeide. Toen Haar schoot bleef uitdijen, nam de diepte en de intensiteit van de gelukzaligheid die hij ervoer, ook toe. Op het laatst had hij het gevoel dat hij in een oceaan van gelukzaligheid zwom. Hij bleef in een toestand van versmelting totdat Amma hem er uiteindelijk uithaalde.

Oostenrijk

Stel anderen op de eerste plaats

Van Zwitserland nam Amma een trein naar Oostenrijk waar twee programma's georganiseerd waren door een vrouw genaamd Christine Essen: één programma in Graz en het andere, een intern programma, in Sankt Polten, een kleine stad tussen Wenen en Linz. Oostenrijk zou de laatste plaats op de tour zijn.

Toen de brahmachari's in de trein reisden, hadden zij de gelegenheid om wat tijd alleen met Amma door te brengen. Op een gegeven moment zei Amma tegen hen: "Mensen vragen waarom zij zulke zware tests in het leven moeten ondergaan. Waarom uitgerekend zij moeten lijden. 'Waarom ik?' is de vraag. Het lijkt hun niets te kunnen schelen als het iemand anders overkomt. Hun houding is: 'Laat iemand anders lijden, zolang ik het maar niet ben.' Laten we die houding veranderen en in plaats daarvan oprecht wensen dat niemand in de wereld hoeft te lijden. Laten we niet denken: 'Waarom ik?' maar liever: 'Waarom zou er iemand moeten lijden?' Laten we leren om anderen de eerste plaats te geven. Amma heeft het volgende verhaal gehoord:

Een jongetje staarde vol verwondering naar een prachtige, net gebouwde villa. Toen hij voor het huis stond, kwam er een jongeman de poort uit. Het jongetje vroeg hem: 'Van wie is dat mooie huis?' 'Het is van mij,' zei de man. 'Ik heb een broer die erg rijk is. Hij heeft het voor mij gebouwd.' Toen de jongen dit hoorde, riep hij uit: 'O, als ik nu eens...' en hij zuchtte diep. De man kon gemakkelijk raden wat de jongen hierna wilde zeggen: dat als hij nu eens zo'n broer had... Maar toen de jongen verder sprak, was de man verrast door wat hij zei: 'O,' zei de jongen, 'als ik nu eens zo'n broer was!'

Kinderen, zo'n houding schenkt ons leven vreugde. Waarom zou er iemand in deze wereld moeten lijden? Als je liefdevol genoeg bent om anderen de eerste plaats te geven, zul je vrede en geluk ervaren. Maar om dit te laten gebeuren, moet je egoïsme loslaten en het pad naar onzelfzuchtigheid bewandelen.

Mensen hebben de neiging om steeds meer en meer te willen. Ze zijn nooit tevreden met wat ze hebben. In plaats daarvan moeten we leren om te geven en te delen. We moeten nooit alleen maar nemen.

We moeten wat we hebben met anderen delen en we moeten proberen om op de een of andere manier aan het welzijn van de maatschappij bij te dragen. Door te geven gaan we vooruit op het spirituele pad. Als we onze rijkdom oppotten, zal onze spirituele vooruitgang belemmerd worden en langzaam zal ons leven verwelken. Het bloed dat door het hart wordt rondgepompt, circuleert en wordt gelijkmatig over het hele lichaam verdeeld. Wat zou er gebeuren als onze bloedsomloop zou stoppen? We zouden instorten en sterven. Op dezelfde manier moeten we alles wat we hebben laten circuleren en delen. We moeten onze rijkdom niet oppotten want dan stagneert de samenleving en kan niet als geheel groeien.

Door onbaatzuchtig te delen wordt de bloem van het leven mooi en geurig."

In Amma's eigen leven zijn er talloze voorbeelden die duidelijk Haar onbaatzuchtige liefde en mededogen laten zien.

In de begindagen was de financiële situatie van de ashram erg arm. Soms hadden de bewoners niet voldoende te eten. Zij hadden allemaal maar één stel kleren en steeds wanneer ze Amma's programma's buiten de ashram moesten bijwonen, deelden zij de paar goede kleren die beschikbaar waren. Ook stond Amma er erg op dat de bezoekers die naar de ashram kwamen te eten zouden krijgen. Pas nadat alle gasten bediend waren, mochten de bewoners eten. Omdat ze nooit wisten hoeveel mensen er zouden komen op een bepaalde dag en omdat er nauwelijks geld was, was er vaak geen eten over voor de bewoners. Bij zulke gelegenheden ging Amma naar de naburige huizen en bedelde om voedsel.

Op een dag kwam er een vrouw uit de buurt naar Amma en vertelde Haar dat haar dochter in het huwelijk zou treden. Omdat de vouw erg arm was, vroeg zij Amma haar te helpen. Hoewel de ashram het financieel heel moeilijk had, verzekerde Amma haar dat Ze zou helpen. Ze riep een brahmachari en vroeg hem om een doos uit Haar kamer te pakken. Toen hij de doos naar Amma gebracht had, opende Zij die en nam er een gloednieuwe gouden halsketting uit, die iemand Haar onlangs gegeven had.

Brahmachari Ramakrishnan (Swami Ramakrishnananda) die naast Amma zat, vroeg zich af wat Amma van plan was. Zonder de minste aarzeling gaf Amma de halsketting aan de arme vrouw. Ramakrishnan was hierdoor geschokt omdat de ashrambewoners zelf zo arm waren. In die tijd werkte hij bij een bank en hij wist de waarde van die halsketting.

Tegen de tijd dat de vrouw vertrokken was, was hij zo opgewonden dat hij zich niet langer kon beheersen. Hij flapte eruit: "Amma, hoe kon U zoiets doen! Weet u hoe kostbaar die halsketting is? Ik had het voor U naar de bank kunnen brengen en er een hoop geld voor kunnen ontvangen. U had dat niet moeten doen!"

Amma antwoordde: "Is dat zo? Waarom heb je me dat niet eerder verteld? Schiet op! Ga haar onmiddellijk terugroepen!"

Ramakrishnan was heel blij met Amma's antwoord. Hij was trots op zichzelf dat hij Amma's fout had kunnen corrigeren. Hij rende naar de vrouw en bracht haar terug naar Amma. De vrouw keek verbijsterd. Amma wees naar Ramakrishnan en zei tegen haar: "Deze brahmachari zegt dat de halsketting die Amma je gegeven heeft, veel geld waard is."

Ramakrishna was zo ongeduldig dat hij op het punt stond om in de rede te vallen en de vrouw te vertellen om de halsketting terug te geven. Toen wendde Amma zich naar hem toe en zei hem om zijn mond te houden. Ze ging verder: "Omdat de halsketting zo waardevol is, wat je er ook mee doet, verpand of verkoop hem niet voor een lagere prijs dan hij waard is. Zorg ervoor dat je er een goed bedrag voor krijgt."

Ramakrishnan schaamde zich plotseling diep voor zichzelf omdat hij de omvang van Amma's compassie niet begrepen had.

De trein reed verder en maakte het geluid "tsjuk, tsjuk, tsjuk..." Buiten het treinraam begon de zon onder te gaan. Amma vroeg de brahmachari's om de gebruikelijke avondbhajans te zingen. Amma stond er strikt op dat de brahmachari's hun dagelijkse spirituele oefeningen bleven volgen, waar ze ook waren. Ze vertelde hun vaak dat een sadhak niet een slaaf van de omstandigheden moest zijn, maar dat hij meester over alle situaties moest zijn.

Brahmachari Srikumar nam het harmonium uit het omhulsel en begon te spelen. Het volgende anderhalf uur zongen zij verschillende liederen. Eén van hen heette *Orunalil Varumo*.

> *O Moeder van hemelse gelukzaligheid,*
> *wilt U op een dag niet naar het altaar van mijn hart*
> *komen met Uw eeuwig schijnende lamp?*
> *Alleen om deze reden zwerft deze smekeling rond.*
>
> *O Devi, wilt U mij niet zegenen?*
> *Met een smeltend hart*
> *heb ik overal naar de Goddelijke Moeder gezocht.*
> *O Moeder, geef mij Uw genade.*
> *Liefkoos mij met Uw zachte handen.*

Moeder, geef mij bescherming.
Ik stort in door de uitputting.
Ik weet dat het waar is dat U in mij verblijft,
maar wanneer komt de dag dat ik me dat realiseer?

Onder de bhajans deed Amma met tussenposen met het zingen mee, maar het grootste deel van de tijd zat Ze stil uit het raam te kijken.

Eén avond in Wenen was er geen programma. Amma ging samen met de groep die met Haar meereisde een eind wandelen. Zij wandelden ongeveer een half uur over een landweg totdat Amma bij een prachtig bebost gebied ging zitten met Haar gezicht naar de ondergaande zon. Het was slechts zeven graden Celsius. De weinige mensen die hen op de weg tegenkwamen droegen meerdere lagen warme kleren. Amma droeg alleen Haar witte sari. Iemand legde een wollen sjaal over Haar heen. De brahmachari's droegen alleen hun dhoti's en katoenen overhemden en ze hadden het heel koud. Toen Amma de brahmachari's op elkaar gepakt zag, bibberend van de kou, deed Zij Haar sjaal af en sloeg die liefdevol om hen heen. Maar omdat Amma toen niets had om zich tegen de kou te beschermen, weigerden de brahmachari's beleefd en zeiden: "Nee, Amma, u moet die dragen." Maar Amma weigerde om hem weer om te doen. "Geen probleem!" zei Ze en Ze drong erop aan dat zij hem gebruikten. De sjaal die zij op Amma's liefdevolle aandringen droegen, was voor hen zo kostbaar dat zij er allemaal door bedekt wilden worden, en dus kropen zij allemaal dicht bij elkaar.

Brahmashakti

Bijeengekropen onder de sjaal stelde Brahmachari Ramakrishnan Amma een vraag:

"Amma, er wordt gezegd dat de goddelijke sankalpa van de Paramatman (het Hoogste Zelf) overal is. Wat betekent dit? Kunt U dit alstublieft uitleggen?"

Amma: "De sankalpa van de Paramatman of *Brahmashakti* (de kracht van Brahman) ligt aan alles in het universum ten grondslag. Kijk naar deze verbazingwekkende kosmos en de harmonieuze manier waarop onze planeet en alle andere planeten functioneren. Hoe zou zo'n perfecte orde en schoonheid kunnen bestaan zonder een kosmische intelligentie, een universele kracht die alles bestuurt? Kunnen we het toeval noemen? Nee, want niets is toeval. Steeds wanneer er iets is dat het menselijke intellect niet kan verklaren, dan verwerpen we het en noemen het toeval. Dat is de taal van het intellectuele redeneren. Iemand die meer vanuit het hart functioneert, beschouwt niets als puur toeval. Hij noemt het Gods macht, Gods *lila* (spel) of sankalpa.

Amma probeert niet om de waarde van de wetenschap en zijn bijdragen te ontkennen. De wetenschap heeft een bepaald dharma (plicht) te vervullen. Laat de wetenschap zijn dharma volgen, maar laten we niet vergeten dat wij, als mensen die proberen om ons leven afgestemd op God te leiden, een eigen dharma hebben waar we ons aan moeten houden. We moeten ons leven dienovereenkomstig leiden en naar de stem van ons innerlijk geweten luisteren.

Het ego of het intellect kan de grote sankalpa die de kracht achter het universum is, niet begrijpen of niet eens beginnen waar te nemen. De wetenschap zoekt nog naar die kosmische intelligentie. Maar als de wetenschappers geen evenwicht creëren tussen wetenschap en spiritualiteit, zullen zij het leven gevende

Principe dat voorbij het intellect ligt, niet vinden. De innerlijke wereld waar gewoonlijk geen belang aan wordt gehecht, moet verkend worden als zij willen begrijpen wat er achter de uiterlijke wereld ligt.

Een prachtige melodie die uit een fluit komt, kan noch in de fluit noch in de vingertoppen van de speler gevonden worden. Je zou kunnen zeggen dat die uit het hart van de componist komt. Maar als je zijn hart zou openen en een kijkje zou nemen, zou je die daar ook niet vinden. Wat is dan de oorspronkelijk bron van de muziek? De bron ligt voorbij alles. Het komt voor uit Brahmashakti, de Paramatman, maar het ego kan deze kracht niet herkennen. Alleen als je vanuit het hart leert functioneren, kun je deze goddelijke kracht in je leven echt zien en voelen.

Gods sankalpa staat achter alles: achter het bloeien van een bloem, het tjilpen van een vogel, de beweging van de wind en de vlammen van een vuur. Het is de kracht waardoor alles groeit. Het is de kracht die alles in stand houdt. Die goddelijke sankalpa is de onderliggende oorzaak van de geboorte, groei en dood van alle levende wezens. Het is de oorzaak van de hele schepping. Het is de shakti van de Paramatman die de wereld gaande houdt. Zonder dat zou de wereld ophouden te bestaan."

Amma wendde zich tot Amritatma en vroeg hem om *Kodanukodi* te zingen.

> *O Eeuwige Waarheid,*
> *miljoenen jaren*
> *heeft de mensheid naar U gezocht.*
>
> *De oude heiligen gaven alles op.*
> *En om het Zelf door meditatie*
> *in Uw Goddelijke Stroom te laten vloeien*
> *verrichtten zij ontelbare jaren ascese.*

*Uw oneindig kleine Vlam,
die voor allen ontoegankelijk is,
schijnt als de vuurzee van de zon.
Hij staat perfect stil, zonder te flikkeren
in de sterke wind van de cycloon.*

*De bloemen en kruipende planten,
de altaarkamers en tempels
met hun pas geïnstalleerde heilige pilaren
hebben vele eeuwen op U gewacht
en toch blijft U onbereikbaar...*

Na het lied ging Amma verder met spreken:
"Kennen jullie het verhaal van Brahman die bij de deva's (hemelse wezens) verscheen? Brahmashakti (de kracht van de Absolute Realiteit) had een overwinning voor de deva's behaald. Maar de deva's gaven alle eer aan zichzelf. Zij wensten te geloven dat ze alleen door hun eigen grootheid gewonnen hadden. Dronken door hun ego vergaten de deva's Brahman toen zij zich verheugden en hun overwinning op grote schaal vierden. Toen Brahman dit te weten kwam, verscheen Hij voor hen in de vorm van een yaksha, een beminnelijke geest. Omdat de deva's helemaal meegesleurd werden door hun ego, herkenden zij Hem niet die de oorzaak en kracht was achter de overwinning die ze aan het vieren waren. Toen de yaksha verscheen, stuurde Indra, de leider van de deva's, de god van het vuur[17] om uit te vinden wie de geest was. Toen de vuurgod de yaksha benaderde vroeg de geest wie hij was en wat zijn vermogens waren.

Met veel trots antwoordde de god: 'Ik ben de godheid die de macht over het vuur heeft. Er is niets in de wereld dat ik niet kan verbranden.'

---

[17] De hindoes beschouwen alle natuurkrachten als godheden en aanbidden hen als verschillende aspecten van de Allerhoogste.

Brahman, in de vorm van de yaksha, plaatste één enkel strotje voor de god en vroeg hem om het te verbranden.

De god probeerde uit alle macht, maar hoe hard hij ook probeerde, hij was niet in staat om het kleinste spoor op het strootje achter te laten. Hij trok zich terug en rapporteerde aan Indra dat hij niet wist wie de yaksha was. Hij repte met geen woord over zijn eigen nederlaag, omdat het ego nooit een nederlaag accepteert.

Terwijl het ego veel belang hecht aan zijn eigen prestaties, weigert het om zijn mislukkingen toe te geven. Dit is de menselijke aard. Mensen zeggen: 'Ik heb dit en dat gepresteerd,' maar zij zeggen zelden: 'Ik werd verslagen,' of 'Ik heb op dat en dat gebied van mijn leven gefaald.' Door hun gebrek aan nederigheid worden zij meegesleept door hun ego en worden dronken door het idee van macht en rijkdom. Zij zien de Universele Kracht, Gods sankalpa, niet in hun dagelijkse successen en ook niet in hun mislukkingen. Als alles doordrongen is met Gods sankalpa, zijn onze mislukkingen ook Zijn sankalpa. Toch zien de mensen Zijn sankalpa nergens. Zij geloven dat steeds wanneer zij slagen, het door hun eigen kracht en grootheid komt. Aan de andere kant wanneer zij falen, weigeren zij toe te geven dat zij er iets mee te maken hadden. In plaats daarvan geven zij de schuld van hun fiasco's aan anderen of aan verschillende situaties.

Toen Brahman verscheen kon de vuurgod hem niet herkennen. Dit is een typisch voorbeeld van hoe het ego werkt. Het ego is trots op zijn eigen schijnbare kracht en slimheid, terwijl het de Universele Kracht negeert. Zelfs wanneer die Hoogste Kracht voor ons in vele vormen verschijnt, herkennen we hem niet. Hoe zou vuur kunnen branden als de Shakti van de Paramatman, de Hoogste Shakti, de kracht achter alle vuur, niet aanwezig was? Hierom werd de god van het vuur krachteloos en werd hij verslagen.

Indra droeg toen Vayu, de god van de lucht, op om de geest te benaderen. Vayu ging naar de geest toe, stelde zich voor en schepte op dat er niets op de aarde was dat hij niet weg kon blazen. De yaksha legde het strootje voor Vayu en zei: 'Je beweert dat je zo machtig bent. Blaas dit dan weg!' Vayu blies en pufte uit alle macht naar het strootje, maar het strootje bewoog niet.

Het ego blaast graag hoog van de toren over zijn eigen belangrijkheid. Maar hoe zou het ego kunnen functioneren zonder de levenskracht die erachter zit? Agni (vuur) en Vayu (lucht) zijn slechts minuscule punten van de Universele Energie. Als die energie zich terugtrekt, verliezen zij al hun kracht. Met andere woorden het is de Kosmische Energie die functioneert in vuur en lucht en zonder die energie zouden zij niet bestaan.

Ook Vayu weigerde om zijn nederlaag toe te geven. Alles wat hij tegen Indra zei, was dat ook hij niet wist wie de yaksha was.

Mensen denken dat hun zintuigen (deva's) erg belangrijk zijn en hebben er veel vertrouwen in maar wanneer zij zich in situaties bevinden waarin ze hulpeloos zijn of verslagen worden, wenden zij zich voor hulp tot de geest of het intellect die hoger en subtieler dan de zintuigen zijn.

Nu kwamen alle deva's (goden) bijeen en vroegen Indra (de geest en het intellect, dat wil zeggen de leider over de zintuigen) [18] om erachter te komen wie de yaksha was. Maar toen Indra, die nu een beetje vernederd was, de yaksha benaderde, verdween de geest en in zijn plaats zag hij de grote, stralende Godin Uma. Indra vroeg Haar: 'Wie was die beminnelijke geest (yaksha)?'

Uma, de Universele Moeder, zei tegen Indra: 'Dat was Brahmashakti, die voor jullie de overwinning behaalde. Wat naar jullie overtuiging jullie overwinning was, was in feite *Zijn* overwinning. Alleen door Hem werd jullie glorie bereikt.'

---

[18] Indra symboliseert de leider van de zintuigen, dat wil zeggen de geest. Het woord 'Indra' hangt samen met het woord 'indriya' wat zintuigen betekent.

Dus alles wat je in het leven tot stand brengt, is niet jullie maar Brahmans prestatie. De sankalpa van de Paramatman ligt achter iedere overwinning en mislukking van jullie. Leer om dat te herkennen, want in het begrijpen hiervan ligt het echte succes in het leven.

Op je zoektocht om de Kosmische Energie, het Hoogste Bewustzijn, te begrijpen met je geest, zintuigen en intellect zul je altijd met een nederlaag geconfronteerd worden, hoewel je het misschien niet als zodanig accepteert, omdat de Atman of Brahman voorbij het intellect is. Het is subtieler dan de zintuigen, geest en intellect, subtieler dan het subtielste. Uit je volledige onvermogen om te begrijpen zal er een sterke drang in je geschapen worden om te weten wat die grote kracht is. In je toestand van hulpeloosheid geef je het uiteindelijk op en dit leidt tot de overgave van je geest. Het is deze overgave die je 'geliefde', de meester, naar je toe brengt. De meester zal je helpen en je naar de echte bron van het bestaan leiden. In werkelijkheid is de meester zelf Brahmashakti. De vorm bestaat zolang je geïdentificeerd bent met het lichaam en de geest. Als je het lichaam en de geest eenmaal getranscendeerd hebt, zul je het oneindige, vormeloze aspect van de meester ervaren.

De Veda's zeggen dat het universum opkwam uit de adem van de Paramatman. De betekenis hiervan is dat het Hoogste Levensprincipe of de Vitale Energie door de hele schepping functioneert. Wanneer dat Principe zich alleen terugtrekt, houdt alles op. Het doel van het leven is om het Goddelijke Principe (sankalpa) in al onze gedachten en handelingen en in ieder aspect van het leven te herkennen."

Amma wendde zich tot Brahmachari Srikumar en zei: "Breng het harmonium." Het harmonium was nog in het huis waar ze verbleven, maar om dat hij een voorgevoel had dat zoiets kon gebeuren, droeg hij een klein keyboard bij zich. Hij liet dit Amma zien en Zij accepteerde het. Toen zong Amma, begeleid door Srikumar, een bhajan genaamd *Sokamitentinu Sandhye*.

> *O schemering, waarom ben je zo bedroefd?*
> *Zwerf jij ook rond langs de oevers*
> *van je herinneringen?*
> *O halfduister, badend in schakeringen van rood,*
> *brandt het vuur van verdriet in jou?*
>
> *O schemering, heb jij een Moeder*
> *zoals die van mij?*
> *Heb je mijn Moeder gezien?*
> *Ze straalt schoonheid en koele zuiverheid uit*
> *als de volle maan.*
>
> *O schemering, mocht je Haar zien,*
> *breng dan alsjeblieft de boodschap*
> *van dit hulpeloze kind over,*
> *die niet kan spreken.*
> *Ik ga gebukt onder oneindig veel verdriet,*
> *veroorzaakt door de pijn van scheiding.*
>
> *O schemering, offer deze bloemblaadjes alsjeblieft*
> *aan Haar voeten en breng mijn woorden over.*
> *Wanneer je terugkomt zal ik je mijn zoete herinneringen*
> *aan een voorbije lente vertellen.*

Amma ging door en zong nog twee liederen. Terwijl iedereen in de kou zat te bibberen, leek Amma totaal onaangedaan. Het was alsof de koude lucht te verlegen was om dicht bij Haar te komen. Even later stond Amma op en liepen ze allemaal terug over de weg.

Het is vaak gebeurd dat Amma om een gebreid vestje of een paar wollen sokken of zelfs een kacheltje vroeg, wanneer het erg warm is. Maar wanneer het koud is lijkt dat Haar helemaal niet te deren. Het is onmogelijk om Amma te begrijpen. Haar wegen zijn vaak onbegrijpelijk. Zelfs Haar lichaam is aan geheel andere wetten onderworpen dan die van een gewoon iemand.

Besluit

Amma's eerste wereldtoer naderde zijn einde. Ze had de grond van veel landen gezegend met de aanraking van Haar heilige voeten en wie weet wat voor effect dat op die landen in de komende jaren zou gaan hebben? Amma werkt op verschillende niveaus en de meeste daarvan zijn zo subtiel dat we die zelfs helemaal niet kunnen waarnemen. We kunnen alleen het topje van de ijsberg zien van wat Amma op deze planeet doet.

De wereldtoer van 1987 was het begin van een spirituele verovering door die grote Veroveraarster van harten. In de volgende jaren zou Amma telkens opnieuw naar het westen terugkeren en ontelbare mensen op het spirituele pad zetten en hen die al op het pad waren, onder Haar genadige vleugels verzamelen.

Amma had in iedere plaats slechts een paar dagen doorgebracht. Ze ging er doorheen als een zoete wervelwind van de Hoogste Liefde en liet in Haar spoor talloze harten achter die ontwaakt waren met een nieuw, vreemd verlangen naar een spiritueel leven, een niet meer te blussen verlangen om God te kennen. Niemand die Amma ontmoet had, zou Haar ooit nog kunnen vergeten. Zij van wie Zij het hart in Haar goddelijke net gevangen had, ontdekten dat zij begonnen te veranderen, dat hun harde kanten zachter werden en dat als gevolg van de onmetelijke liefde die Amma hun gegeven had, zij zelf compassie voor anderen begonnen te voelen, compassie die zij nooit gekend hadden.

Bij talloze mensen had Amma pijn veranderd in vreugde, wanhoop in hoop, ziekte in gezondheid, vrees in vrede, gebrek aan betekenis in hernieuwd vertrouwen en onverschilligheid in liefde en mededogen. Het hart van de mensen was geraakt door Haar genade.

De Malediven

Op weg terug naar India hadden Amma en de groep een kort verblijf op de Malediven. Bij het vliegveld stapten zij in een kleine motorboot en voeren naar een van de eilanden waar ze de nacht zouden doorbrengen.

Toen ze op het eiland aankwamen, genoot de groep van een heel speciale dag, een gelegenheid om alleen met Amma te zijn. Amma bracht het grootste deel van de dag buiten door. Ze zaten allemaal samen op het strand, mediterend en bhajans zingend. Nealu zette een duikmasker op en dook in het ondiepe water. Toen hij weer naar de oppervlakte kwam, vertelde hij Amma opgewonden dat hij een verscheidenheid aan veelkleurige vissen had gezien. Amma stond op en zei: "Die oude man wil Amma altijd amuseren en Haar gelukkig maken. Hij vindt allerlei verschillende manieren om dit te bereiken." Amma keek naar beneden in het heldere water. Ze ontdekte verscheidene vissen en begon te schreeuwen en op en neer te springen als een opgewonden kind. Plotseling hield Amma op en eiste als een koppig kind dat ze iets kreeg om de vissen te voeren. Nealu had toevallig wat noten en Indiaas mengsel bij zich, wat hij aan Amma gaf. Met Haar gezicht badend in gelukzaligheid voerde Zij de vissen. Toen Ze naar beneden stond te kijken naar de fel gekleurde beestjes, ging Ze in een toestand van extase. Ze ging aan de rand van het water zitten en ging in samadhi. Iedereen ging dicht bij Haar zitten. Toen Amma uiteindelijk uit die toestand kwam, zong Zij zachtjes de Sanskriet hymne *Vidamsam vibhum*.

Telkens opnieuw begroet ik de Parabrahman,
de Absolute Werkelijkheid die één is zonder tweede,
die alles in het universum doordringt,
en zuiver is en volkomen gunstig gezind,
die toch tegelijkertijd voorbij alle eigenschappen is,
het Onmanifeste, het vierde en hoogste punt van bewustzijn.

Het begon te motregenen. Amma bewoog zich niet, maar bleef aan de rand van het water zitten.

Het ontwaken van het innerlijke kind

Brahmachari Nealu maakte van de gelegenheid gebruik om Amma een vraag te stellen: "Is het de taak van een gerealiseerd iemand om anderen naar het doel te leiden? Is dat niet de verplichting van zo'n ziel?"

Amma: "Verplichtingen bestaan alleen op het mentale en fysieke vlak. Als je eenmaal de geest transcendeert en je realiseert dat je geen geïsoleerde entiteit bent, niet slechts een deel, maar het geheel, de Kosmische Energie zelf, dan is er niemand of 'geen lichaam,' om zich verplicht te voelen. Een Satguru die één met het bestaan is, is niemand iets schuldig, hij heeft helemaal geen verplichtingen. Zijn leven is volmaakt en volledig zoals het is. Hij bestaat eenvoudig als een grote, goddelijke Aanwezigheid. Is de oneindige ruimte iemand iets verschuldigd? Zijn de zon, de wind of de oceanen iemand iets schuldig? Zij bestaan eenvoudig en wij profiteren van hun bestaan. Wat hebben de grote meesters van ons nodig? Wij zijn het die hun alles schuldig zijn.

We hebben niets aan te bieden aan hen die bereid zijn om hun leven op te offeren voor het welzijn van de wereld. Het is alleen door hun genade dat we de unieke gift van Godsrealisatie mogen ontvangen. Is zo'n onmeetbare gift niet veel meer dan iemand ooit kan vragen? We kunnen alleen met grote nederigheid voor hen buigen en hen ongelofelijk dankbaar zijn dat zij naar ons toe gekomen zijn en ons helpen ons te ontwikkelen naar het niveau van hoogste gelukzaligheid, waar zijzelf eeuwig verblijven.

Een leerling naar het hoogste doel van Godsrealisatie leiden is als het leven schenken aan een baby en hem met veel zorg opvoeden. Dat is de enige manier om het te beschrijven. In de aanwezigheid van een Satguru verblijven is opnieuw geboren worden. Het is als een tweede geboorte.

Tot nu toe heb je je alleen uiterlijk ontwikkeld, alleen het lichaam en het intellect zijn gegroeid. Maar als je eenmaal bij een Satguru komt, vindt er innerlijke groei plaats en je groeit in de ervaring van de ziel (Atman). Uiterlijk kun je volwassen zijn, maar innerlijk leert de meester je om terug te gaan naar de toestand van een kind, naar de toestand van kinderlijke onschuld. Het enige doel van de meester is om het sluimerende kind in je wakker te maken.

Wanneer een moeder haar kind de borst geeft en het ander voedzaam voedsel geeft en wanneer zij het kind alle liefde en warmte die het nodig heeft geeft, dan schept zij de noodzakelijke omstandigheden die het het kind mogelijk maken om te groeien en zich goed te ontwikkelen. Net zoals een moeder de meest gunstige omstandigheden schept voor de gezonde ontwikkeling van haar kind, schept een echte meester een bevorderlijke atmosfeer voor het ontwaken en de ontwikkeling van de aangeboren onschuld in de leerling. De aanwezigheid, blik en aanraking van de Satguru is het voedsel dat nodig is om het slapende innerlijke kind in de leerling wakker te maken en te doen groeien.

Denk aan de enorme hoeveelheid liefde en zorg die je moeder je gaf, het geduld dat ze had om je te helpen op te groeien en een jonge man of vrouw te worden. De meesten van ons zijn onze moeder veel verschuldigd voor onze geestelijke en fysieke ontwikkeling. Ze zorgde voor ons zonder iets terug te verwachten. Ze deed het eenvoudig uit de immense liefde die ze voor haar kind voelde.

Als je je dit beeld van een moeder voor kunt stellen, die onbaatzuchtig haar kinderen voedt en verzorgt, zul je een idee krijgen hoe een spirituele meester zijn leerlingen opvoedt, hoe de meester de leerlingen helpt uit hun ego te groeien en zo uitgestrekt als het universum te worden. Deze vergelijking van een moeder die haar kind opvoedt is slechts een voorbeeld om je de grote taak van de meester te laten begrijpen bij het transformeren van de leerling, bij het veranderen van de leerling in een zuiver vat voor de Hoogste Kracht. Een echte meester moet zo geduldig als de aarde zijn om dit te doen. Je zou kunnen zeggen dat hij door dit wonder te verrichten meer liefdevol en meedogend dan God zelf is. Hiermee bedoelt Amma dat we niets over God weten behalve de uiterst vage ideeën die we door verhalen en de geschriften gekregen hebben. Alleen door de ongelofelijke compassie van een Satguru kunnen we God op een tastbare manier ervaren. In de aanwezigheid van de Satguru komen we te weten dat God werkelijk bestaat.

Wanneer de leerling de meester benadert, is hij ruw, onbehouwen en primitief. De meester, de oneindig liefdevolle, goddelijke alchemist, transformeert de leerling in zuiver 'goud.' De meester hoeft dit niet te doen. Hij heeft de keuze en zou eenvoudig op kunnen lossen in de Totaliteit zonder ooit een woord te uiten. In plaats daarvan kiest hij ervoor om een offer aan de wereld te worden. Hij offert zich op uit louter mededogen voor hen die in het duister rondtasten."

Brahmacharini Gayatri probeerde om een paraplu boven Amma te houden. Maar Amma weigerde die te accepteren. "Nee," zei Ze, "zolang Amma's kinderen in de regen zitten, wil Zij geen paraplu." Maar spoedig begon het zo zwaar te regenen dat Amma en de anderen terug naar hun kamer gingen.

Een prachtig kosmisch spel

Die nacht, toen de regen opgehouden was, wandelden Amma en de hele groep naar het einde van een pier en gingen samen in een tuinhuisje bedekt met palmbladeren zitten. Amma zong verschillende hymnen en de groep antwoordde op de traditionele wijze.

De volle maan verlichtte de aarde en de zee. De golven echoden met het eeuwige reciteren van 'Om.' Moeders zuivere stem en de kracht en schoonheid van Haar aanwezigheid verhieven de ziel van Haar kinderen en gaven aan de atmosfeer een unieke spirituele gloed.

Ze zong *Samsara Dukha Samanam...*

O Moeder van de wereld,
die het verdriet van de transmigratie verdrijft,
de bescherming van Uw gezegende hand
is onze enige toevlucht.

U bent de toevlucht voor verloren en blinde zielen.
Door ons Uw lotusvoeten te herinneren
worden we tegen gevaar beschermd.

Voor hen die misleid zijn,
die in ondoordringbare duisternis
zijn ondergedompeld,
is meditatie op Uw naam en vorm
de enige ontsnapping uit hun ellendige toestand.

Laat Uw prachtige, stralende ogen
een blik op mijn geest werpen.

*O Moeder, Uw genade is de enige manier
om Uw Lotusvoeten te bereiken.*

De volgende dag gingen zij met de kleine motorboot terug naar het hoofdeiland. Er stond die dag veel wind. Toen de boot koers zette naar zee, stak er plotseling een storm op en de zee werd ontzettend ruw. Het bootje werd op en neer geslingerd als een stuk speelgoed tussen de golven. Soms waren de golven zo gigantisch dat het leek alsof ze op de boot te pletter zouden slaan. De brahmachari's, Gayatri, Saumya en de anderen waren doodsbang. Zij zaten in elkaar gedoken in de boot, bevend van angst. Verschillende golven deden de boot bijna in het water verdwijnen. Zij waren er zeker van dat het kleine scheepje ieder moment vol water kon stromen en dat ze zouden zinken. Plotseling hoorden zij door de wind en het gebulder van de golven iemand lachen. Zij keken omhoog en realiseerden zich dat het Amma was. Amma amuseerde zich uitstekend. Ze bleef maar lachen en Haar gezicht had de uitdrukking van een vrolijk kind. Op dat moment begrepen zij dat Moeder volkomen vrij van angst is en dat voor Haar iedere situatie in het leven gewoon een deel van een prachtig kosmisch spel is.

Toen zij naar Amma's gelukzalige lachen luisterden, kalmeerden zij en waren niet langer bang. Want waarom zou je bang zijn wanneer de Moeder van het Universum zelf naast je zit als je de oceaan van het leven oversteekt

Woordenlijst

Advaita: een school in de filosofie die verklaart dat non-dualiteit de Hoogste Waarheid is, dat alles wat bestaat die Ene Waarheid in vele verschillende vormen is.
Anugraha: Goddelijke Genade.
Arati: het ritueel aan het einde van een puja, waarbij licht geofferd wordt in de vorm van kamfer en waarbij een bel geluid wordt voor een heilig iemand of voor de godheid in de tempel. De kamfer laat bij verbranding geen resten achter, wat de totale vernietiging van het ego symboliseert.
Arjuna: de derde van de vijf Pandava's. Hij was een groot boogschutter en één van de helden van de Mahabharata. Hij was Krishna's vriend en leerling. Het is Arjuna tot wie Krishna in de Bhagavad Gita spreekt.
Atma Jnana: Zelfkennis.
Atman: het ware Zelf. Een van de fundamentele leerstellingen van de Sanatana Dharma is dat we niet het fysieke lichaam, de gevoelens, de geest, het intellect of de persoonlijkheid zijn. We zijn het eeuwige, zuivere, onaantastbare Zelf.
Avatar: een incarnatie van God.
Bhagavad Gita: het lied van de Heer, een gesprek tussen Heer Krishna en Zijn toegewijde Arjuna bij het begin van de Mahabharata-oorlog ongeveer vijfduizend jaar geleden.
Bhajan: devotioneel lied.
Brahmachari: een leerling die het celibaat in acht neemt, spirituele oefeningen doet en opgeleid wordt door een guru.
Brahman: de absolute Werkelijkheid, het Geheel, het Hoogste Zijn voorbij alle namen en vormen, dat alles omvat en doordringt, dat één en ondeelbaar is.
Brahmashakti: de Kracht van de Absolute Realiteit.
Darshan: ontvangst door, of het zien van een heilige of godheid.

Deva: een godheid of wezen van licht.
Devi Bhava: Amma's stemming als de Goddelijke Moeder.
Dharma: 'dat wat het universum in stand houdt'. Dharma heeft vele betekenissen, zoals de Goddelijke Wet, de wet van het bestaan, in overeenstemming met de goddelijke harmonie, juistheid, religie, plicht, verantwoordelijkheid, deugd, rechtvaardigheid, goedheid en waarheid. Dharma verwijst naar de innerlijke principes van religie. De dharma van de mens is het verwerkelijken van zijn innerlijke Goddelijkheid.
Durga Sukta: een deel van de Veda's dat de Goddelijke Moeder Durga prijst.
Ganesh: de Heer die de obstakels verwijdert, zoon van Heer Shiva, God met het gezicht van een olifant.
Grihasthashrami: iemand die een gezinsleven leidt terwijl hij tegelijkertijd volgens spirituele principes leeft en sadhana doet.
Guru: leraar of spirituele gids.
Gurukula: de ashram en school van een Guru waar studenten een basis krijgen in spirituele en wereldse kennis door studie en dienstbaarheid. In de oudheid waren studenten twaalf jaar bij hun Meester in de leer.
Japa: herhaling van een mantra.
Jivanmukti: bevrijding terwijl men nog in het menselijk lichaam leeft.
Jivatman: individuele ziel.
Jnana Yoga: het pad van Kennis.
Jnani: een kenner van de werkelijkheid, een gerealiseerde ziel.
Karma: handeling.
Karma Kanda: het deel van de Veda's dat verschillende plichten beschrijft die men tijdens zijn leven moet verrichten.
Karma Yoga: het pad van activiteit.
Katha: een geschiedenis of verhaal.

Kaurava's: neven van Heer Krishna die in de Mahabharata-oorlog tegen de Pandava's vochten.

Krishna: de belangrijkste incarnatie van Vishnu. Hij werd in een koninklijk gezin geboren, maar groeide op bij pleegouders en leefde als een jonge koeienherder in Vrindavan. Daar werd Hij bemind en vereerd door zijn toegewijde kameraden, de gopi's en gopa's. Hij was een neef en adviseur van de Pandava's, vooral van Arjuna, aan wie Hij het onderricht in de Bhagavad Gita gaf.

Lila: goddelijk spel. De bewegingen en activiteiten van het Goddelijke, die in hun aard vrij zijn en niet onderworpen aan enige wet.

Mahabharata: groot epos van het oude India geschreven door de wijze Vyasa. Het handelt over de familievete tussen de Pandava's en Kaurava's, beide neven van Heer Krishna. Deze vete leidde tot een catastrofale oorlog.

Mahatma: grote ziel of gerealiseerd iemand.

Mantra: heilige formule of gebed, die voortdurend herhaald wordt. Dit activeert iemands slapende spirituele kracht, zuivert de geest en helpt het doel van Realisatie te bereiken. Hij is het meest effectief als hij van een gerealiseerde leraar tijdens een initiatie ontvangen wordt.

Mantra Shakti: de kracht van een mantra om een bepaald resultaat te geven.

Maya: illusie. De goddelijke 'sluier' waarmee God Zich in Zijn scheppingsspel verbergt en de indruk van veelheid wekt en daardoor de illusie van gescheidenheid schept. Omdat Maya de Werkelijkheid verbergt, misleidt Zij ons, en laat Zij ons geloven dat volmaaktheid, tevredenheid en geluk buiten onszelf gevonden kunnen worden.

Moksha: bevrijding. Verlossing uit de kringloop van geboorte en dood.

Mudra: een houding van de hand die een spirituele waarheid aanduidt.

Ojas: spirituele energie verkregen door spirituele oefeningen en celibaat.

Pada Puja: de verering van de voeten van God, de Guru of een heilige. Zoals de voeten het lichaam ondersteunen, zo ondersteunt het Guru-principe de hoogste waarheid. De voeten van de Guru vertegenwoordigen dus de hoogste waarheid.

Pandava's: vijf zonen van Pandu en neven van Heer Krishna die in de Mahabharata-oorlog tegen de Kaurava's vochten.

Paramatman: de Allerhoogste Ziel of God.

Prasad: gewijde offergave uitgedeeld na een puja of door een gerealiseerde heilige.

Purnam: volledig of perfect.

Rajasuya Yagna: een Vedisch offer, uitgevoerd door koningen.

Ramayana: 'het leven van Rama.' Eén van India's grootste heldendichten, die het leven van Rama beschrijft, geschreven door de wijze Valmiki.

Ravana: een demonenkoning in de Ramayana.

Rishi's: de zieners uit oude tijden aan wie Goddelijke Kennis werd geopenbaard en die dit aan hun leerlingen doorgaven.

Sadhak: een spirituele aspirant.

Sadhana: spirituele oefeningen en disciplines zoals meditatie, gebed, japa, het lezen van de heilige geschriften en vasten.

Samadhi: absorptie van de geest in de Werkelijkheid of Waarheid.

Samsara: de denkbeeldige cyclus van geboorte, dood en wedergeboorte.

Sankalpa: scheppend, totaal besluit, dat zich manifesteert als gedachte, gevoel en activiteit. De sankalpa van een gerealiseerd iemand manifesteert altijd het bedoelde resultaat.

Sannyasi: een monnik die formele geloften van onthechting heeft afgelegd. Hij draagt traditioneel een okerkleurig kleed wat de verbranding van alle gehechtheid symboliseert.
Sari: de gewone kleding van Indiase vrouwen.
Sat-Chit-Ananda: de Hoogste Realiteit als absoluut Bestaan, Bewustzijn, Gelukzaligheid.
Satguru: een spirituele meester die God heeft gerealiseerd.
Shraddha: zorg, aandacht, vertrouwen.
Siddhi: bovennatuurlijk vermogen.
Sita: de echtgenote van Rama. In India wordt Ze als de ideale vrouw beschouwd.
Sri Rama: de held van de Ramayana. Hij was een incarnatie van Heer Vishnu en de belichaming van dharma.
Tantra: een school in de filosofie die leert dat alles in de schepping een manifestatie is van de Hoogste Realiteit.
Tapas: ascese, ontberingen die men ondergaat ter wille van zelfzuivering.
Tattvatile Bhakti: devotie gebaseerd op spirituele kennis en principes.
Upanishaden: laatste deel van de Veda's met onderricht over de wetenschap van Zelfkennis.
Vasana's: latente neigingen of subtiele verlangens in de geest die de neiging hebben zich te manifesteren in handelingen en gewoonten.
Vedanta: het "einde van de Veda's", de Upanishaden die het Pad van Kennis schetsen.
Veda's: directe openbaring van de Hoogste Waarheid, die God aan de Rishi's schonk.
Vina: een snaarinstrument uit het oude India.
Videhamukti: bevrijding die na het sterven van het lichaam verkregen wordt.
Yagya of Yagna: Vedisch offer of ritueel.

Yaksha: een machtig wezen dat op het subtiele niveau van het universum bestaat.
Yoga Danda: een staf waarop een yogi tijdens lange meditaties kan steunen.
Yoga Sutra's: een filosofisch werk door de wijze Patanjali dat het pad van Raja Yoga of het Yoga "pad van acht ledematen" (Ashtanga Yoga) weergeeft.
Yogi: iemand die spirituele oefeningen doet om eenheid met de Goddelijke Bron of God te bereiken.
Yuga: een tijdperk of era.

www.ingramcontent.com/pod-product-compliance
Lightning Source LLC
LaVergne TN
LVHW020354090426
835511LV00041B/3045